說不出口的，更需要被聽懂

11個暖心對話練習，走進孩子的心

諮商心理師
胡展誥——著

推薦序

沒有孩子願意讓自己孤單

李儀婷（薩提爾教養．親子溝通專家）

這是一本幫助父母打破藩籬，並且重新建造一條簡單、易懂的親子溝通捷徑之書。書中，展誥心理師從既定的框架開始，為父母與老師帶來框架外我們不曾看過的觀點，從細節處去好奇，從理解與貼近去鬆動原本的位置，藉此打破過去我們對孩子的有色眼光。

如果父母看待孩子的目光，始終帶著「難搞」、「頑劣」、「愚笨」、「無藥可救」等標籤，別說孩子沒有改變行為的勇氣，在父母心理上，這些標籤早已經標示著「放棄孩子」的訊息。一個連父母都放棄的孩子，究竟要仰仗著什麼樣的信念，才能抵抗父母以及全世界認定的「不可為」，然後奮力「為之」呢？

如果我們瞭解孩子的心理運作，一個連父母都放棄的孩子，每日被父母以負面標籤評價自己，日子一久，孩子的內在會從委屈轉變為憤怒，然後會非常「認真努力」地扛起父母賜給他的這些「負面標籤」，真正當起一個父母理想中那個「無藥可救」的人。

很多大人或許會覺得這不可能，孩子變壞不可能只因為父母的責罵，而是還有其他原因才能構成孩子變壞。

確實如此，但在孩子尚未青春期前，家庭影響孩子的比例就越高，幾乎可以達到百分之九十九。父母的標籤，會毀滅一個孩子渴望變好的求生存動力；反過來說，父母堅定的信念，也同樣會幫助一個價值感低落的孩子往上追求的契機。

我養育了三個孩子，老大今年小學五年級，過去是一個功課中上、習慣晚睡、早上無法早起的孩子。新學期開始，她突然下了一個決定，要成為一名早起並且用功讀書的人。

從孩子下定決心的那一天起，她每天晚上九點一到就睡覺，凌晨五點半起床，自己安排讀書計劃，自己決定要什麼樣的人生。

我實在很好奇老大的轉變，於是我問老大：「媽媽覺得你認真讀書的精神讓我好佩服，但我很困惑，以前從來沒有要求你的功課，也從來不在乎分數，為什麼你卻願意花這麼多時間去讀書？」

我的孩子告訴我：「就是因為你從來不逼我讀書，所以當我想讀的時候，我就會非常努力。如果你是一個會逼我讀書的媽媽，我應該只會跟你對抗，每天都會心情不好，才不會像現在一樣認真讀書呢。」

這就是孩子內在的風景，是不是瞧出什麼端倪了？

越管教，就離孩子越遠，孩子就越跟父母對抗，這就是家庭影響孩子甚鉅的真正原因。

孩子所有的行為，底層都隱藏著不為人知的故事，一如展諮心理師在書中所言，面對孩子的事件時，其實「故事就在那兒，端看你願不願意敞開心房，移動你的腳步，用好奇與溫柔的姿態，去探索故事的細節，以及故事不為人知的核心」。

一旦父母願意去探索孩子故事，親子也就靠近了，事實上，沒有一個孩子願意使壞，因為那只會讓自己更孤單而已。所有的孩子，都在等待父母輕輕牽起自己的手，陪自己走一段成長的路。

他相信我辦得到

洪仲清（臨床心理師）

個人中心學派的創始者卡爾・羅傑斯（Carl Rogers）曾提到一種建設性的關係，在這種關係中只要持續足夠的時間，雙方都能經驗到心理上的成長。其中一方，至少要具備三種特質：

一、一致性（congruence）

二、無條件的正向關懷（unconditional positive regard）

三、正確同理的瞭解（accurate empathic understanding）

接下來，我以我自己的理解，重新闡述這三點。

一、一致性

一致性的另一個說法，是真誠。真誠是人際互動當中能滋養信任的關鍵，不真誠的關係則容易產生不安全感與防衛。

所以「真誠」、「一致」常同時使用，在理論上是一種理想與現實的交集。一個真誠一致的人，在想像與現實中的自己之間，通常落差有限。

然而想達到真誠一致，需要不斷嘗試靠近自己，或者藉著不斷認識自己，然後慢慢成為自己的動態過程。

因此我們就可以推斷，所謂的「自己」，不是某個靜止不變的實體，而是在充分覺知之後，隨著交融在不同的情境，展現出相應的樣貌。像是扮演不同角色的自己，就可能在相異的情境，採取不同適應性的行動。

但一個足夠真誠一致的人，常可以對關係中的另一方，產生正向的影響力。這裡提到的「正向」，是能藉著自己的覺知，也帶著對方一起向內覺知，並且也讓對方走上拉近理想與現實的旅程。

展諮心理師常以過去的人生經歷出發，順著生命之流回到現在，開展自己的工作與言說。這種不斷梳理、疏通的動作，對內外經驗的一致極其重要。這能培養一個人的敏感度，並且藉著反覆解構自己，進入只觀察不批判的全觀狀態。

二、無條件的正向關懷

所謂「無條件」，接近一種非佔有式的看見。不是一個人得要滿足我的期待，或者有什麼樣的成就，我們才認可其存在。

舉例來說，在這本書裡，可以看到我們文化中常見的風景——父母只看見孩子的成績，而不是孩子這個人。大部分的人，只能給出有條件的關懷，像成績好才能得到讚許。而少數人，包括父母，連關懷都不一定甘願好好給出來。

要把人當「人」，而非滿足個人需要的「物品」或「工具」。既然是相對於我而存在的另一個「人」，我便能自然地接納，這個獨立的人會有不同於我的想法、情感，以及體驗。

無條件關懷的對象，可以是對方的情緒，但不是行為。情緒本身沒對錯，但情緒如何表現，這常牽涉到面對什麼樣的人、當時在什麼樣的情境，是有條件的。

如果再回到真誠一致來看，展誥心理師除了無條件自我關懷，他同時關懷了孩子，也沒忘了關懷家長。在這種狀態下，彼此的相遇常是人與人之間的會心，不被長幼尊卑的社會位階困囿，自然而然就能實現平等尊重。

三、正確同理的瞭解

這本書多次以溫柔的好奇來拉近彼此，對方內在的不一致與不安，能因此緩緩消解。這時常能感受到關係的凝聚力，也就是從「我」走向「我們」，同理越深，雙方內在的同步也就越明顯。

展誥心理師在這邊的努力特別值得欣賞，他提了好幾種理解人的方式。不管是認知上的理解或情感上的共振，最後真心誠意付出關懷，是個水到渠成的次第展開。同理的完成，別忘了要從對方的口語或肢體表情中確認。少了這樣的確認，我們很可能無意中陷入了自己的想像，又遠離了現實。

我跟展誥心理師並不相熟，但看到這本書，內在感覺溫暖又有希望。也許，他連結了他曾經接受過的，「他相信我辦得到」，也想把這份相信傳遞給讀者，交由各位以各自的創意，實現這本書的精髓要義。

每個孩子，都有說不出口的苦

陳志恆（諮商心理師／暢銷作家）

每個孩子，都曾有著說不出口的苦，
每個孩子，也都有著被深刻理解的渴望；
即使長大了，仍是如此！

當我還是個諮商新手時，面對被各種煩惱給困住的青少年，我常感到束手無策。我的一位前輩總是這麼告訴我：「試著去貼近孩子的內在，就是了！」

當時，我無法理解，到底什麼是「貼近孩子的內在」？而這麼做，就能幫助孩子解決困境了嗎？我努力去聽見眼前的青少年，一把鼻涕一把眼淚地訴說自己的煩惱；我窮盡所學，蒐集一切有助於理解當事人的訊息並試著分析，然而，總覺得，自己離這些痛苦的孩子們，好遠好遠！

接受我諮商輔導的孩子們，大概也是這麼想著的吧！

隨著諮商經驗日漸豐富，我好像漸能掌握箇中要領；似乎，真如前輩所說的，光是貼近對方的內在，就能帶給他力量。

然而，到底如何貼近對方內在呢？

在閱讀展誥的新作《說不出口的，更需要被聽懂》時，突然有種恍然大悟的感覺。原來，貼近就是深刻理解，而理解的功夫則牽涉到我們採用什麼「框架」來看待問題。

當我理解問題的框架，和孩子看待問題的框架相去甚遠時，即使知道得再多，仍然是一知半解。反之，當我能放下既有的框架，選擇走進對方的地圖看問題時，瞬間，我們的心靠得好近。

我很喜歡閱讀展誥的文字，和聆聽他的演講一樣，給人溫暖、誠懇，但又帶著清晰的力量。我時常在他的引導下，不自覺跳出既定的思考框架，從不同的角度切入看待問題，而能有不同的洞見。

如果你問我，為什麼教養這麼難？我會告訴你，這是因為我們總是帶著成見，也就是既定的框架在看孩子的表現，並一再使用舊有且無效的方式應對孩子的問題行為。這讓我們輕易地評價孩子，而不是聽懂孩子在說些什麼；到最後，孩子關上了心門，不再願意與我們分享了。

我曾在臉書上分享一則孩子遇到困難，不願意向大人求助的案例故事。許多讀者在下面留言：

「求助只會被罵，後來就獨自承擔了！」

「說出來又沒人能懂，何必要說！」

看到這些文字，實在心疼。那些沒說出口的，其實是求救訊號；他們多麼渴望被理解，只是，他們已經失去信心了。而這些不被理解的經驗，其實從小就有了：「如果當時有人能懂我，就好了！」

那麼，我們如何去聽懂孩子的苦呢？

展詣在書中告訴我們：問題行為常有著功能，可能是為了達到某些目的，或者，避免某些痛苦。這與我常說的「正向意圖」，可以交相呼應。當正向意圖能被指認出來，對方就會感受到被深刻理解。閱讀這本書，你將學會如何分析與看懂行為背後的功能。

其實，這些功能不外乎是要滿足人的內在需求。書中提到，有三個特別重要的核心需求，也就是幸福三元素，分別是「歸屬感」、「價值感」與「希望感」。在本書自序中提到那位考試時間到了仍埋口苦思、堅持作答的孩子（我想，其實就是展語本人吧！），或許正有著「價值感」的迫切需求；因為，就差那一題，他就拿到全科滿分了！

我很感謝，展語寫出了這本書，讓世上更多的大人，知道如何貼近孩子的內在，而願意採取溫柔的姿態和語言對待孩子。同時，也在閱讀中看見自己成長過程中，那些沒被理解的苦，而有機會重新溫暖地傾聽自己。

推薦文

優雅漫步在親子關係的森林裡

王意中（王意中心理治療所所長／臨床心理師）

走進名為親子關係的森林裡，我們往往只瞧見孩子行為表現的那些樹是否符合自己的期待、配合自己的想望，但見樹不見林，讓彼此總是陷在衝突、疏離中，陌生感籠罩，關係漸行漸遠。

我們迷失在森林裡，困在教養的沼澤中，精疲力竭，動彈不得。心裡深深懷疑，這些年來自己在教養上的努力，為何走到如此的境地，讓彼此苦不堪言。

如同作者所言，移動腳步，調整角度；讓我們轉個彎，繞個路，擺脫僵化的思考窠臼。親子之間是可以很優雅地享受芬多精，漫步在林間，好好地感受、陪伴孩子在成長中的春夏秋冬。

別再以外在的表象來認定孩子，試著好好的理解與關照他／她的內心，一顆等待被了解、接納、同理，而逐漸獨立、茁壯與成熟的心靈。

推薦文

一趟教育教養的心之旅程

林怡辰（國小教師／未來大人物教育類得主）

教學生涯一對多的時間壓力，難免無力；教養孩子的長時間馬拉松，處處是修行。而胡展誥心理師的《說不出口的，更需要被聽懂》，很適合心裡疲累、需要療癒與重新打氣的你，帶你翻開一趟心的旅程，在教育教養上，重新裝備能量方法，再注入光。

書中有大量的實務經驗加上專業技能，先打破我們看孩子的慣性框架，是為了孩子，更是為了我們自己。就像一個陪在身旁的教練一般，幫著練習，跟著陪伴，看見你的無力、失望、自責和無奈，再幫你看見孩子失衡的是表面，核心則需要我們理解。他讓一個孩子學會愛自己，賦予歸屬感，提升價值感，建立希望感，讓光亮也住進孩子心裡。這本書裡還有具體操作方法，有情境、句型、實用對話句。

我們和孩子的故事，永遠都來得及，永遠都可以改寫。就從這本《說不出口的，更需要被聽懂》開始。

推薦文

從對話中，看見不同可能

海苔熊（心理學作家）

你有意識到自己的「觀點」如何影響自己的生活嗎？比方說同一件衣服，有人覺得上面的格子花紋看起來像棋盤，有人覺得比較像綠豆糕，這其實就是一種觀點。

尤其是在和孩子的互動過程裡面，我們經常會忽略掉自己的觀點如何影響到孩子，而孩子是很敏感的，在意識到父母有一些「無論如何也無法改變的想法」的時候，一開始還會嘗試討價還價，後來，就慢慢不說出自己的需求了。於是你就會發現，你的孩子為什麼不跟你講話了，並不是因為他不說了，而是因為他覺得說了也沒有用。

展諮在這本書中，用他清晰且條理分明的語調，協助我們猜解並覺察生活當中的種種事件，還有這些事件背後的觀點來自於哪裡。當你嘗試調整角度，用不同的方法來看同一件事情，你會因為這個彈性而獲得更寬廣的空間，在與孩子、與內在的自己對話上，也會看見不同的可能。

推薦文

溫柔而堅定的力量

許皓宜（諮商心理師）

同行前輩告訴我，一個好的心理師，在案主心中是不分性別的，他們常常是融合著父性堅強與母性溫柔的綜合體。在我的心中，這種人便是所謂「溫柔而堅定」的心理治療者。

我很喜歡展詒的文字。閱讀他的書寫，以及讀著他文字中的故事，我往往能看見這種「溫柔而堅定」的力量。在閱讀的過程中，過往傷痛被輕輕揭起，卻好像遠在彼端的展詒作家用他的真誠，「溫柔而堅定」地托住了我們心底的這些創傷。於是原本說不出口的，突然有所領悟；被懂得之後，開始明瞭該如何前行。

說不出口的，原來都是成為自己生命歷史中的一部分而已。你聽懂了嗎？

推薦文

突破框架束縛，看懂內在

魏瑋志（澤爸）（親職教育講師）

頭一次，被作者的序給深深地打動。每一個人的行為背後，往往有著原因。在親子關係之中，我們對於孩子的某些事情感到莫名的糾結，可能都跟自己過往的傷痛有關，只是不知道罷了。但是，「不知道」不代表「不重要」，如同這本書的書名「說不出口的，更需要被看懂」。

胡展誥心理師以自己的諮商專業，在書中提出了許多觀點與提問，引發我們產生自省與審視的自我對話，突破框架的束縛，漸漸地看懂內在。當我們越能夠先了解自己，往後在育兒的路上，受到原生家庭的影響也會更小，也能更加自在並如實地與孩子相處，理解孩子的內心，建立更緊密的親子關係。

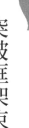

自序

期待被理解的心

直到現在回想起來，臉頰似乎還殘留著一股隱約的灼熱。那是好久好久以前的事情了。

失序的開端

屏東，鄉下沿海漁村的一所小學。

炎炎夏日的午後，適逢學校月考，整座校園靜默無聲。教室裡的小朋友正埋頭寫著國語科試卷，有些小朋友振筆疾書；有些臉上寫滿焦慮與無助；有些早早就呈現放棄的狀態。靜默讓人對於時間產生一種扭曲感，有些人覺得特別快；有些人覺得考試時間漫無盡頭。

終於，下課鐘聲響起。三年級的教室裡，監考老師提醒大家停筆，小朋友們乖乖地依照老師的指令，將考卷從最後一位同學往前傳。只有一個小男孩像是沒有聽見鐘聲、沒有聽見老師的指令，依舊咬著筆桿，埋頭苦思考卷上的試題，就連監考老師已經抱著考卷走到身邊，他也渾然不覺。

「他是白痴嗎？連交考卷都不會喔？」年約六十歲、穿著白襯衫與西裝褲、一頭灰白捲髮的男老師似笑非笑地問旁邊的小朋友。

「老師，他是我們班的第一名耶。」班上同學連忙解釋。

「不是白痴喔？那就是在作弊了。」男老師說著，一手將小男孩眼前的考卷用力抽走，「喂！不要再作弊了。」

「我沒有在作弊，我是在想答案。」隨著眼前的考卷突然被抽走，小男孩的注意力才終於回到教室裡，並且直覺地回應老師。

「作弊就是作弊，跟我去訓導處！」老師一手揪住小男孩的手臂。

「我又沒有作弊，為什麼要去訓導處？」面對老師突如其來的舉動，小男孩反射性地用力一揮，撥開老師的手。

在那個年代，這種反應非同小可。高大的老師倏地一巴掌重重甩在小男孩臉上，「頂什麼嘴？沒禮貌！作弊還有臉說話？」

清脆響亮的巴掌不僅打暈了小男孩，也嚇壞了班上的小朋友。

「我真的沒有作弊啊……。」小男孩一陣暈眩，一手摸著熱辣辣的臉頰，滿腹委屈湧上心頭。

被忽略的聲音

站在陌生的訓導處，被眾多身形高大的老師同時包圍著，或許是被嚇著了，無論大家如何詢問，小男孩一概低著頭，閉口不答。

「怎麼不說話了？剛剛不是還很囂張？」看著發抖的小男孩，監考老師破口大罵，將電話扔到他面前，「來，你自己打電話叫爸媽來學校，看要怎麼處理。」

面對這意外的發展，小男孩已經嚇得淚流滿面，只能硬著頭皮打電話給爸媽。

畫面快轉，當時的細節小男生也有些模糊了，只記得後來父母親趕到學校向老師彎腰道歉。父親氣得當場大罵小男孩，而母親則是在一旁難過地掉淚。

「王八蛋，當老師了不起喔！」看著這一幕，即將邁入青春期的小男孩既難過、又生氣，內心不斷地重複這句話。

那一次月考，他以三百九十八分（滿分四百分）拿到全校第一名，唯一寫錯的題目正是他當時絞盡腦汁、連鐘聲都沒有聽見的那一題。但是站在司令台上領獎時，他絲毫沒有感受到自己考試成績的喜悅，因為他不僅被老師貼上作弊、沒禮貌的標籤，也因為害父母親來學校彎腰道歉而自責不已。

從那時候起，積累在心裡的憤怒、羞愧、自責，逐漸醞釀成對大人的敵意。他開始在沒有監視器的雜貨店偷糖果；在課堂上想盡辦法搗蛋、吵鬧，讓老師無法專心上課；在搬運營養午餐時偷吃裡面的食物；欺負班上相對弱勢的同學；甚至把一整年的補習費都拿去網咖打電動。

種種失序的行為，像是刻意回應大人對他的誤解：「好啊！既然你們都說我是壞孩子，那我就壞給你們看！」

大人果然開始對他感到頭痛，但越是嚴格教訓，他就越叛逆。

如影隨形的夢魘

然而，小男孩並沒有因此過得比較開心。

從那次事件之後，「考試」成了小男孩揮之不去的夢魘。每次寫考卷的時候，他經常擔心沒有注意到鐘聲，時時刻刻害怕會有一隻突如其來的手掌從後方重重落下。因為害怕被誤會，所以考試時他總是僵直著身體，不敢有任何寫考卷之外的動作，就連呼吸都變得不順暢。

獨處的時候，想起被他偷過巧克力的雜貨店爺爺、無法專心上課的老師、被他欺負的弱勢同學、辛苦工作卻因為他失序行為感到生氣與難過的父母……，內心滿滿的愧疚壓得他快要窒息。

那一刻他才發現，原來破壞課堂秩序、傷害別人並不是他的本意。但是，他也不知道自己到底想要什麼。當不成大人口中的好孩子，他還可以做什麼？種種疑惑像是一道難以癒合的缺口，生活的能量與希望不斷地從這個缺口流失、堆疊成難以言喻的匱乏。

隨著成長，那些失序的行為逐漸消失，唯獨面對段考的焦慮依舊如影隨形，後來甚至蔓延到各種大考、面試，以及與老師或主管互動的情境。

每當有人誇獎他功課好、反應快、會主動分攤家務時，他都在心裡否認這些外來的肯定，並且批評自己：「你就是個壞孩子，你騙得了別人，但騙不了自己。」

聽見孩子內在的聲音

多年之後，小男孩在國家高考中以名列前茅的成績考取諮商心理師。他想都沒想就投入學校諮商的工作，陪伴兒童與青少年談話，鼓勵父母長出教養的信心，幫助老師了解孩子的心理狀態。後來，他下定決心離開薪資穩定的專任工作，全心全意投入對家長、學校老師的演講與訓練。有時候，他甚至一天連跑好幾場講座，在開車或搭車的途中以麵包簡單果腹。

有一次在電台受訪時，主持人利用廣告時間好奇問他，為什麼投入這麼多心力對家長與老師演講？突如其來的問題讓他頓時溼了眼眶，因為，多年來的努力終於找到了答案。

他摘下耳機、緩緩地說：「如果可以，我好希望小時候的自己可以被大人理解，被接納。」話說出口的那一刻，他彷彿感受到臉頰上那一股隱約的灼熱。腦海中，又浮現了那一個下午，站在訓導處裡低著頭、掉眼淚的小男孩。

他終於明白，原來每一場對教師與父母的演講，都是在幫小時候的自己發聲。他期待透過演講，幫助更多大人了解孩子的內心世界，也希望不再有孩子因為被誤解而受傷、挫折。

從二〇一七年到二〇二一年，他講了超過六百場親職教育講座，足跡遍及台灣各縣市，還有上海、廣東、越南與印尼。

現在，他將多年來的諮商經驗整理成文字[1]，成為你手中這本書。書中透過生活中常見的例子，佐以理解的方向與具體因應策略，陪伴你更了解孩子的內在狀態。

衷心期待來到你身旁的孩子，都有機會被理解、同理，並讓你們之間的溝通更順暢，關係更融洽。

1 本書提及的案例內容與人物姓名，皆已經過改寫。

目錄

Part 1

預備——打造理解的視框

說不出口的，更需要被聽懂

11個暖心對話練習，走進孩子的心

前言

穿越問題，掌握需求

我不認識你們家的孩子，也沒有接觸過你班上的學生，但我很清楚當他們搞砸事情、闖禍之後會如何回應你的提問、如何引爆你的情緒：

- 都是弟弟先搶走我的東西，我才會不小心弄壞他的玩具。
- 都是對方先欺負我、故意惹我，我才會還手。
- 不是我沒認真念書，是老師沒有把考試範圍講清楚。
- 我也不知道為什麼他的東西會出現在我的書包裡。
- 我明明就有設定鬧鐘啊！你應該去問鬧鐘為什麼沒有響吧？
- 不公平啦！他們也都有講話，你為什麼只處罰我？
- 隨便你啦，我無所謂。
- （臭臉不發一語，轉身甩門關進房間。）

你也清楚教育孩子要有耐心，要用正向的語言回應，但是歷經一整天的忙碌，累積滿滿的壓力，在身心極度疲累的狀態下，下班後還要整理家裡，準備三餐，處理各種瑣事。針對孩子的問題行為明明已經重複提醒很多次，但就在你準備休息或熬夜整理明天工作時，又在聯絡簿上看到老師用紅筆洋洋灑灑地寫了許多孩子幹的好事……

更令人挫折的是，當你想釐清事實、解決問題時，孩子一副愛理不理的反應，你能夠不爆炸嗎？

爆點一：推卸責任

孩子對於自己做的事總是有千萬種推託的理由，而內容不外乎都是別人的問題、是別人沒有把話說清楚、別人先做了對不起自己的事……總之，千錯萬錯，都是別人的錯。

面對這種「明明做錯事卻死不認錯」的態度，大人起初可能還會耐著性子，試著對孩子說之以理或動之以情；然而，事情的發展往往不如你所想的如此順利。

「你誠實告訴我，我不會處罰你。」你真誠地說。

「我已經說過了，不、是、我。」孩子斬釘截鐵回應。

「我再給你一次機會，你誠實說！」你耐心用罄。

「就說了不是我，到底要我說幾百次！」孩子也跟著大聲。

來軟的沒用，來硬的也無效，這時你腦袋裡的理智線瞬間被剪斷，積累在心裡的憤怒、困惑、挫折，就像是點燃了引線的炸彈，一觸即發。

爆點二：問題行為層出不窮

而另一個讓大人頭痛、不解的是：**孩子的問題行為似乎處理不完，總是一個接一個，沒有止盡。**

身為一名教師，你是否曾在課堂上遇過這種情境：

當學生在課堂上不斷地說話、聊天的時候，
你要他閉嘴，結果他開始敲桌子；
你要他住手，結果他開始翹椅子；
你要他坐好，他轉而發出怪聲音；
你要他安靜，他開始用筆戳弄前方的同學。
還不等你開口，前方被戳的同學已經回頭嗆聲。
面對同學的嗆聲，他也不甘示弱地回嘴；

他一回嘴，班上同學紛紛加入看熱鬧的行列。

有些人開始敲桌子、有人大聲吆喝、有人趁亂搗蛋，偏偏就是沒有人幫你管秩序……，轉眼間全班亂成一團。

這時候，巡堂的老師正好經過，望著教室裡慘不忍睹的畫面，再用困惑與質疑的眼神看著你……

此刻講台上的你已經怒火中燒，瀕臨情緒失控的邊界。

同樣的狀況，在家庭中也層出不窮：

孩子每天亂花零用錢，於是你減少零用錢金額；

結果孩子開始向同學借錢，但因為積欠許久，同學紛紛向老師投訴；

你要求同學不要再借錢給他，然後他開始從家裡的抽屜拿錢；

你把家裡所有抽屜、櫃子上鎖，他卻把櫃子一一撬開；

你停止在家裡的開放空間放錢，他轉向其他房間偷錢；

你罵他，他用水汪汪的大眼看著你，或許沉默，或許認錯；

但是過一段時間之後，偷竊的行為再次捲土重來……

終結教養與教育的無力感

對許多父母和老師而言，這是一個資訊豐富的年代，卻也是個充滿挫折的世代。你或許能夠輕易獲得許多問題解決的策略，卻未必能真正深入了解孩子的內心。

很多時候，大人處理孩子問題行為的過程就像在玩「打地鼠」——身為家長或老師的你是緊握槌子的玩家，而孩子的各種行為問題就像隨機從洞裡冒出頭的地鼠。一旦看到了某些不當的行為，你對著問題敲下去，直到問題消失才罷手。這個過程就像「見招拆招」，看到孩子出現什麼問題行為，就針對這個行為做處理。

剛開始你還游刃有餘，但是當地鼠出現的數量與速度逐漸增加，你開始手忙腳亂、分身乏術。玩到後來，你漸漸失去掌控權，場上的地鼠則反過來牽制你的動作。遊戲一回合不過幾分鐘就結束了，但是教養與教育卻是一場動輒數十年的馬拉松。如果管教有效，我相信再怎麼疲累你都甘願。但面對那些層出不窮、日益嚴重的問題行為，一旦你採取這種見招拆招的模式，就注定陷入疲於奔命、分身乏術的窘境；因為處理完一樁，後面還有好多問題等著你。

過往，我們習慣用負面評價來看待問題行為，但是換個角度想：一個人為什麼要**重複出現某些被嫌惡的行為？有沒有可能這些表面上看起來有問題的行為或態度，正是孩子在向外傳遞想被聽懂的聲音與匱乏的需求？**只是好像都沒有人能夠理解、協助他，於是他只能繼續透過各種問題行為來「求助」？

從這個角度來看，如果行為的目的是為了滿足某些內在需求，在這些需求沒有被滿足的狀況下，僅僅只是處罰或禁止，當然無法有效遏止問題行為，又或者，未被滿足的需求可能會轉換為不同形式的問題行為，例如從咬指甲變成拔頭髮；從捉弄同學變成暗地裡破壞公物。

因此我們就不難理解，為什麼你從教養專家那裡學到的教養策略聽起來都很有道理，但執行起來卻效果有限。不是這些策略無效，而是因為**即使是同一種行為，背後也可能對應著不同的需求。唯有深入了解孩子行為背後的訊息，你才能從眾多策略中，挑選出真正適用於當下的應對方式。**

這本書就是要教你**穿越行為表層，深入探索孩子內心真正想要「告訴」你的事；掌握他們內在的核心需求，以更有效的方式來回應這些需求。**需求被滿足了，問題行為就沒有存在的必要。

讀完這本書，你會發現，這裡提到的很多技巧其實都不難，甚至很多是你本來就具備的了。

是的，我就是要告訴你：**你本來就是很努力、也很棒的大人！**其實你早已身懷許多與孩子互動的法寶，現在的你需要的只是一套不同於以往的觀點。運用這套新的觀點，**可以有效地幫助你了解孩子需要的是什麼，然後採取比過往更有效率而且你原本**

就具備的互動方式，更精確地回應孩子。

開啟精準的回應

本書有三大重點，依序是：

一、幫助你打造一套不被問題表層困住、能深度理解孩子的觀點。
二、藉由兩套行為分析技術，幫助你了解推動孩子行為的因素是什麼。
三、幫助你學會掌握孩子行為背後的三大核心需求。

我會在每個章節中，舉出家長與老師常遇到的問題情境，陪伴你練習思考的方向並找出因應策略。

「學習」，意味著要做一些讓大腦不太愉快的事情，但也因為這個歷程，可以幫助你走出一條嶄新的道路，讓我們的師生關係、親子關係有所成長。

我經常把大腦學習新事物的歷程，比喻為開闢一條新的道路。想像一片生意盎然的草地，在你重複行走的那條路上，慢慢會形成一條小徑。走著走著，你會越來越習慣這條路，不再去探索其他路線。雖然看似省力，卻可能局限了你的視野，也錯過其他風景。

學習新事物就像是要你偏離原本熟悉的道路，你可能會暫時迷失方向，覺得有些徬徨。但只要你願意暫時放下對慣性的依賴，忍受短暫的痛苦，你會發現其實眼前有好多條路都能抵達你要去的地方，有些新的道路甚至更快、更準確。

一旦看懂孩子讓你覺得頭痛、煩心的行為背後想傳遞的訊息，你會有種豁然開朗的感覺。即使你在短時間內還找不到有效的解決策略，至少不會再輕易重複使用以前那些非但無效、還會破壞彼此關係的回應方式。因為你會慢慢發現，這些行為的目的不是要攻擊你、傷害你，而是希望你聽見他內在渴望被理解的聲音。

多年來，我陪伴許多教師與家長學會更精準理解孩子行為背後的訊息，獲得更有效的回應方式。我相信透過閱讀這本書，並且持續練習（這一點非常重要），你也能逐漸掌握理解孩子的訣竅，創造更融洽的親子／師生關係。

PART 1

預備

打造理解的視框

人生就像一趟旅行，

你所關注的細節，會組成映入你眼簾的風景。

站在固定的位置，就只能看見同樣的景致，

唯有當你願意移動腳步、調整角度，

才有機會在生命旅程中，

看見更豐富、更精彩的世界。

第1章 從打破慣性框架開始

想要與孩子拉近關係，懂得「玩」是必備的元素。

現在，我要邀請你啟動玩心，動動腦解開這一道題目：

請用四條直線將左下圖的九個點連接起來，整個過程必須一氣呵成，而且筆尖不能離開紙張。

無論結果如何，請你不要急著上網搜尋或翻到後面看答案。

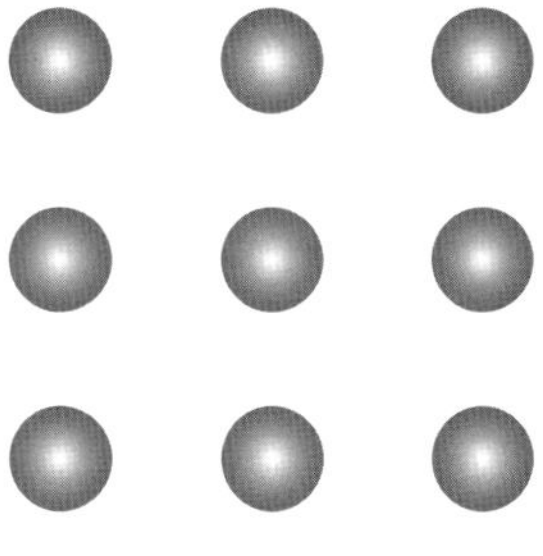

在這裡，我先分享一段親身經歷。

多年前，我受某間學校之邀，與一位令全校老師聞之色變的家長談話。這位母親的孩子在學校狀況百出，但每次她都極力為孩子的行為辯護，指控是學校不友善而無法給予孩子適當的教育，甚至動不動就到學校罵人或向教育局投訴。到後來許多老師都很抗拒跟這位母親接觸。

由於這位母親與學校交手的經驗相當豐富，任何想要說服或改變她的策略經常都是徒勞無功。

「如果各種分析、說理都沒有用，那我在這麼短的時間裡，可以從哪些角度切入，讓她願意與我對話呢？」想著想著，我的心裡浮現了一個想法。

於是走進會談室，在簡單的問候之後，我以一個問句迅速地與這位母親建立起合作的關係、並且開啟一段正向對話。

「我很好奇，你為了這個孩子經常擱下工作，跑來學校處理，這是第幾年了？」我問她。

這母親似乎很訝異我不是急著說服她，居然是以關心做為開場。她愣了一下才回答：「從他讀小學就開始了。」

聽見這母親的回應，我陸續問了幾個問題：

「那……每一次你在趕來學校處理問題的路上，心裡在想什麼呢？」

「這麼多年來，你對這個孩子的付出，有人理解嗎？」

「你覺得自己把這孩子教得很好的地方是什麼？覺得比較費力的部分是什麼？」

聊著聊著，母親原本緊繃的神情與肩膀逐漸放鬆下來，然後我輕聲問：「你願不願意給我一個機會，我陪你一起討論如何幫助這個孩子，讓他過得更穩定，學會照顧自己，你也不需要經常提心吊膽，丟下工作往學校跑。你覺得這樣好嗎？」這母親雖沒有立刻答應，眼角卻泛著淚水。

礙於經費有限，我們的談話只進行了一次。但後來聽學校說，孩子雖然還是有狀況，母親對學校的態度卻友善許多。

我說的話與校方說的話，到底有什麼差別呢？答案就藏在這一道題目裡。

問題的形成與觀點有關

現在讓我們來看看這個題目的解法。

想要解開這道題目，你只需要將線條延伸出圓點之外，如此就能順利地以四條線將圖中九個點全部連接起來（如下圖）。

這一道題目的挑戰在於，多數人的注意力會被題目「圖中的九個點」這幾個字綁架。你越是專注在思考「如何在這九個點裡面完成任務」時，就越難意識到這點：雖然遊戲規定只能用四條直線，卻

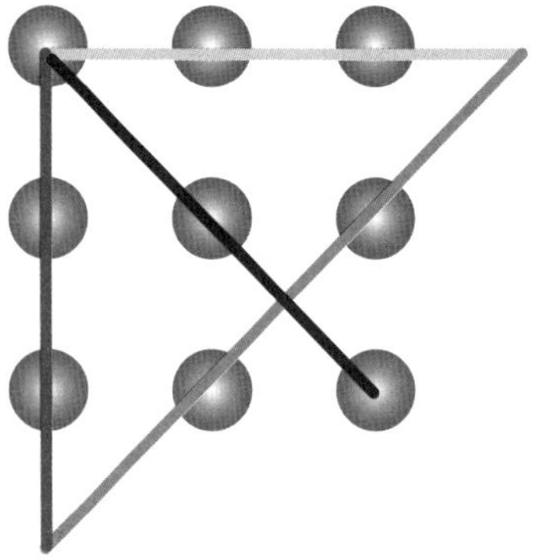

沒有規定只能在九個點「裡面」進行。如果無法跳脫這個框架，就難以解開這道題目。

江湖一點訣，說破不值錢。許多益智題目只要知道訣竅就毫無難度可言。因為這些題目利用許多人都會有的盲點，巧妙地以某些文字綁住我們的思考，使得解題變得困難。而這種現象，在我們的日常生活中隨處可見。

每一個人在成長過程中，因為不同的家庭背景、特殊事件、學經歷、工作經驗，會逐漸形成一套專屬於自己、獨一無二的價值觀。我們經常認為自己的價值觀是最正確的，卻也因此成為理解事情的盲點。同時，我們也難以覺察這套價值觀對於生活、人際、工作造成哪些影響。

如同前面提到那一位母親，學校對她的觀點是「無理取鬧的恐龍家長」，而我的觀點則是「為了孩子竭盡所能卻滿是挫折的母親」。這兩種觀點沒有誰對誰錯，事實上，校方的確在與這位母親交手的過程中充滿挫折和委屈，但是如果我只採納學校提供的資訊（這位家長不明事理、教養無方、拒絕溝通），那麼我就會陷入「對方是恐龍家長」的框架。

一旦陷入這個框架，我的行動就不會是澄清、同理、鼓勵，而是說教、爭辯，甚至想要用專業知識去「證明」她的教育方式是錯的。如果我這麼做，就會重覆學校採取的互動模式，談話肯定以失敗收場。

於是我試著站到另一個角度，從陪伴一個「在教養上費盡心力卻充滿挫折的母親」的觀點出發。當對方覺得被理解、鼓勵，感受到在你面前是安全的，才有可能逐漸卸下心防，正視問題，並與你合作。

又好比說，當有人抱怨你的孩子「愛頂嘴」時，如果你不假思索全盤接受，那麼大人抱怨的內容就會形成你理解孩子的框架。這時你不會想去了解孩子到底想要表達什麼，而是先訓斥或教育孩子。

每一件事情都擁有許多面向，或許在你產生「孩子不乖」的結論之前，可以試著這樣思考：

- 大人在哪些脈絡下觀察到孩子哪些行為？為何覺得孩子愛頂嘴？
- 大人對於頂嘴這個行為的定義是什麼？孩子認為的定義又是什麼？
- 孩子為什麼表現出讓大人覺得被冒犯的行為？他想要表達什麼？內在的需求是什麼？
- 在頂嘴之前，他還曾使用過其他的表達方式嗎？他擁有比頂嘴更有效的溝通方式嗎？

很多時候，問題之所以成為問題，與我們看待事情的觀點有關。事情本身不難處理，但觀點卻可能局限了我們的思考與判斷。

嘗試以不同的觀點來思考、突破你習以為常的框架，解決問題的方式就可能會浮現眼前。

框架是一種舒適圈

六〇年代，美國總統艾森豪（Dwight D. Eisenhower）贈送一頭威風凜凜的白老虎莫希尼（Mohini）給華盛頓動物園。起初莫希尼被關在一個九平方公尺的正方形大鐵籠，除了吃飯與休息之外，成天繞著鐵籠走來走去。園方覺得這樣限制了老虎的行動，因而籌措經費另尋寬敞的場地，並刻意打造成野外生活的空間，希望莫希尼在新家可以過得更自在。

「搬家」當天，許多記者受邀到場共襄盛舉。當莫希尼走出鐵籠、一步一步緩緩邁向新家時，現場的記者都屏息以待，眾多攝影機與照相機準備記錄下老虎重獲自由的那一刻。

但是莫希尼的反應卻出乎眾人預料。牠只是走向一個角落，安靜地趴下來，許久啥事也沒做。這讓現場氣氛有些尷尬，園方趕緊澄清老虎可能還需要時間適應新環境，過一陣子再邀請大家來採訪。

一段時間後，園方發現了驚人的現象：他們觀察到莫希尼雖然搬到新的空間，但每天都以一種特定的軌跡行走，而軌跡的形狀與範圍竟與原本的鐵籠大小相符。這個模式一直延續到牠死亡的那一刻，沒有例外過。

這個現象就是一種「舒適圈」。每一天我們都在同樣的範圍內，以相同的方式重複做著相同的事情，時間一久就養成自動化的習慣，就像莫希尼到了新環境，依舊循著過往的舒適圈過活。然而，**以熟悉的框架過生活看似省力，卻未必比較舒適**。

請你試著問問自己，在教育孩子這件事情上，你熟悉的舒適圈是什麼？可以透過以下幾個問題自我檢視一下。

- 你習慣用什麼方式鼓勵孩子？
- 當孩子犯錯時，你第一時間的處理方式是什麼？
- 當孩子表達與你不同的價值觀時，你通常如何回應？
- 孩子的哪些行為常會激怒你？
- 你讓孩子了解你的情緒嗎？透過哪些方式？

框架有可能是偏誤的共識

越多人認同的事，越容易成為難以撼動的共識，然而這種共識未必是正確的。

就像你到台北搭捷運，會發現多數人一踏上手扶梯就自動往右站，將左手邊空出一條走道，讓趕時間的人可以快步通過。時間一久，這彷彿成為一種共識，就連初次到台北的人看到這情境，也不自覺跟著人群往右站。

然而台北捷運公司早已多次呼籲乘客改變這種習慣，他們希望乘客能穩穩站在電扶梯兩側，而不是在上面步行或奔跑。相關數據指出，當使用者能平均站立於電扶梯的左右兩側時，設備本身就能因為受力平均而減少損壞，降低維修成本。

再舉一個例子。有次我去參加一場研習，幾天下來，總覺得講師對於某個論點談得不夠深入，因此舉手提問。與講師對談的過程中，我越發覺得其中的邏輯有些問題，需要再澄清。但在一來一往的對話中，我開始感受到現場的氣氛不太對勁。不僅講師臉色變得嚴肅，連單位內部的志工都紛紛跳出來暗示我「不要再問了，老師講的不會有錯」。現場其他人則變得沉默、肅靜。顯然他們覺得我在挑戰老師，因為感到緊張想制止我提問或希望我保持沉默。但我的意圖其實不是在質疑老師，而是想更深入理解某件事。

像這樣，講師的觀點在單位內部就是一種封閉且不容被質疑的框架，在這個框架裡的所有人都會努力捍衛這套觀點；換言之，在他們的世界裡只能容納這套觀點。但對於不在這個框架裡面的我，則擁有更大的空間去追求其他的可能性。

同樣的道理，我們往往聽到孩子偷竊、頂嘴、說謊、打架、作弊……，第一時間就認為孩子的本質一定是惡的，但這個惡只是多數人的共識，卻無法說明孩子之所以為惡的原因、脈絡、內在需求等等。帶著這種偏頗且狹隘的框架，無法真正地理解孩子，也無法帶給孩子實質上的幫助。

試著鬆綁你的框架

韓國首爾大學心理學教授崔仁哲強調，想要更深入、更完整的理解一件事，就必須跳脫出熟悉的框架，試著以換位思考的方式拓展觀點。[2]

我在進行諮商的時候，為了不被來談者的問題困住，並且要以更多元的向度來理解對方時，經常會在內心問自己幾個重要問題：

- 為什麼他要重複那些讓自己受苦（或者被別人討厭）的行為？這些行為可以為他帶來哪些「好處」？
- 眼前這個人真正希望能被我聽懂、被我理解的是什麼？
- 我所認為的「好」，跟他認為的「好」有什麼差異？我們所說的「一樣」真的一樣嗎？

- 關於他說的話，我理解的是什麼？似懂非懂的又是什麼？我有向他澄清模糊的部分嗎？
- 我們討論的方向，是他也能認同並接受的，還是我只是用我的價值觀在說服、改變他？

透過這些問句，時時刻刻提醒自己站在不同的立場思考，才能逐漸減少盲點、提升對於對方的觀察與理解。

從不同的角度理解

當你能夠彈性地移動到不同位置觀察與思考，就會發現沒有唯一正確的觀點。你會清楚自己的主觀價值如何評斷一件事情，也能了解從孩子、老師、伴侶的角度出發，同一件事情又有哪些不同的風景。

剛開始要打破自己的框架很不容易，因為你的世界裡面已經有一套習以為常的觀

2 參見《框架效應：打破自己的認知侷限，看見問題本質，告別慣性偏誤的心理學智慧》（프레임: 나를 바꾸는 심리학의 지혜），崔仁哲著。

點，你會誤以為這套觀點就是全部。

大陸知名的講書人樊登在《讀懂一本書》[3]裡分享閱讀的技巧。他認為隨著讀的書越多，腦袋裡乘載知識量的「池子」就越大；池子越大，讀懂一本新書的速度就越快。同理，當你開始習慣以不同的觀點來看待一件事情的時候，你將會感受到眼前所見變得更寬廣，並能從各種不同的角度切入理解一件事情。

簡單而言，**突破框架會讓你從一個慣性單向度思考的人，變成多向度、全方位的思考者**。本書的第一部分是要幫你鬆動慣性的框架、拓展觀察與思考的觀點。

3 參見《讀懂一本書：3300萬會員、22億次收聽「樊登讀書」創始人知識變能力的祕密完整公開》，樊登著。

打破你的慣性框架

古印度流傳了一則經典故事〈瞎子摸象〉：

一個君王找來四位盲人與一頭大象，命令他們站在大象的各個部位旁，透過觸摸來描述大象的樣子。摸到耳朵的人說大象長得像一把靈活的大扇子，摸到尾巴的人說大象長得像一根細長的繩子，摸到象腿的人說大象更像是一棵大樹，而摸到象鼻的人則說，大象其實是一根又長又粗的水管。

除了現場其他人之外，正在閱讀這本書的你也知道大象不是這四個人描述的模樣。暫且不管古代君王為什麼都要做一些令人匪夷所思的事，我們卻可以從這個故事當中學習到：**當觀點被特定框架限制住時**，思考與觀察也會連帶受到局限。

故事中的四位盲人因為視覺受限，只能接觸到局部，誤以為「局部就是全部」。這是認知思考當中典型的偏誤，稱之為「以偏概全」。

請你問問自己，在生活中是否也經常犯這種錯誤？你是不是以為自己相信的事情才是真實的，自己認同的才是最正確的，然後就只憑自己認同的觀點去解讀大部分的事情？

此外，我們傾向於接納與我們價值相近的想法，排斥並抨擊與自己想法迥異的意見。長時間活在「同溫層」裡的你，慢慢地越來越難接納與自己不同的想法，逐漸形成盲點。

想要打破思考的盲點，鬆綁封閉而缺乏彈性的框架，我們就必須在思考的同時，刻意加入一些不同的元素。

你有發現自己身上的框架嗎？

有些人聲稱自己很開放、很彈性，任何事情都能接受，但只要面對與他價值觀不同的人事物就大肆撻伐，持反對意見。我把這種行為稱之為「假民主」：表面看似開放，實際上卻只能允許與自己相同的想法，無法接受差異。這種人對自己的覺察通常偏低，也不太清楚自己其實很封閉。

光是你能夠覺察自己的價值觀，知道自己重視什麼、討厭什麼，就能逐漸覺察自己的框架。

面對生活中某些（特別是與你想法不同的）事情，請你試著問問自己：

- 面對這件事情，除了感覺不舒服之外，我的想法是＿＿＿＿＿＿。
- 我之所以討厭（不認同）這件事，是因為事情本身、或者支持這件事的人牴觸了我的哪些觀點？
- 我如何看待自己／別人的成功與失敗？
- 是不是因為經歷過某些重要的事件，讓我產生這些觀點？
- 在成長過程中，是否有某些重要他人傳遞這些觀點給我？

當你試著去探索自己的觀點時，你已經開始能夠以更清明的視野來認識自己的框架，這也是打破框架最重要的第一個步驟。接下來，我們要進一步問問自己：我們習以為常的觀點，對生活造成什麼影響？

覺察觀點帶來的影響

從「遭遇某些事情」到「做出回應」之間，永遠存在著思考的空間，而你的觀點在這個空間裡發揮了極大的影響力（只不過思考的速度往往快到自己也難以覺察），進而決定你要做出贊成或否定、接納或批判等行為。

想要改善親子關係、調整與孩子互動的方式，就必須先覺察你的觀點對自己造成哪些影響。接續在前一個步驟之後，你可以持續問問自己：

- 經常讓我與同事／伴侶／孩子發生衝突的觀點是＿＿＿＿＿。
- 一直以來，幫助我度過學校／職場／生活等難關的觀點是＿＿＿＿＿。
- 可以幫助我與別人建立起友善且信任關係的觀點是＿＿＿＿＿。
- 經常讓我在某些事情上情緒被卡住、覺得過不去的觀點是＿＿＿＿＿。
- 我看待自己／對方的觀點，是幫助自己／對方更有自信？還是更挫敗？
- 我看待事情的觀點，有哪些經常讓自己覺得樂觀、充滿希望？
- 我看待事情的觀點，有哪些經常讓自己覺得悲觀絕望？

藉由思考這些提問，可以逐漸提升你對自己的洞察。一方面，你可以發現過往深信不疑的某些觀點，其實可能對自己帶來一些負面的影響；另一方面，藉由探索出對自己有幫助的觀點，刻意地將這些觀點應用在更多地方，讓你的生活更美好。

練習拓展看事情的角度

就像大賣場裡的商品管理員一樣，當你盤點完自己有哪些觀點，也逐漸能夠了解這些觀點如何影響生活之後，就可以進一步嘗試調整架上的商品──把對生活各方面有利的觀點留下。然後更重要的是，持續開發新商品──從其他人身上探索並學習你欣賞的觀點，讓你的思考變得更多元、更豐厚。

想要減少思考上的盲點，從他人身上獲取不同想法很重要。閱讀就是其中一種有效的方式。

我很喜歡閱讀，也經常推薦別人閱讀。每當有人問我該如何挑書的時候，我給的其中一個建議是：針對同一件事情，如果作者解決問題的想法和策略都跟你想的一樣，雖然讀起來會覺得有共鳴，卻可能無法帶給你新的刺激。相對地，如果你發現有一位作者寫的東西跟你的想法有些不同，處理的方式也不太一樣，我會建議你花些時間去閱讀，因為這很可能是帶給你不同思維的契機。

想要拓展自己的觀點，你可以這麼做：

- 對事情保持好奇。提醒自己，對同一件事情，永遠存在各種觀點、各種處理方式。不要急著下結論，當你聽完某人的說法但存有困惑時，別猶豫，持續聽聽其他人怎麼說。
- 不要滿足於眼前的答案。問問自己，目前的想法有沒有不足之處？有哪些部分可以再調整？

- **保持向他人學習的心態**。問問其他人對這件事的看法是什麼？為什麼這樣看？即使對方是一個兒童、青少年，都可能有不同於你的想法與智慧。
- **保持開放的心態**。虛心傾聽，大方接受別人對我們的鼓勵，也勇敢接受別人對我們的建議。不過請記得，不管是正向或負向的回饋，你都可以持續訪問對方：「是什麼讓你這樣想呢？」如此，才能夠幫助你更了解自己。

以上的問題當中，如果有些你很快就能回答出來，我很佩服你；有些問題你或許暫時想不到答案，那也沒關係。只要你把這些問題放在心上，經常用來提醒自己停下來思考，那麼你就已經走在打破框架、拓展觀點的路上了。

第2章

標籤的影響力

買東西的時候，多數人都會簡單閱讀商品包裝上的文字。高熱量或過多人工添加物，會降低你購買這項食物的意願；產地不明，會讓你對品質抱持幾分懷疑；標價太高，會讓你想再找找價位較低的替代品；保存期限即將過期，那就謝謝不聯絡了；要是商品貼著「買一送一」的貼紙，很可能會讓你在預期之外多買幾組回家。

這些印在包裝上的種種資訊，像是圖案、成分、產地、期限等等標示，全都是屬於「標籤」。

標籤的功能在於幫助你多加了解這項商品，並進而形塑你對這項產品的印象，甚至影響你購買的意願。

廠商會為自家商品貼上標籤，孩子也經常被大人貼上標籤。而且，我們會依據孩子身上的標籤，來決定我們對對待他的態度與方式。

是「誰」覺得孩子沒救了？

有一對姊弟參加我的團體課程，姊姊就讀小學中年級，弟弟則是幼稚園大班。活動過程中，弟弟與其他小朋友為了搶一個玩具起爭執，情緒瞬間飆升的弟弟掄起拳頭就要往對方身上揍。我起身介入處理眼前的衝突，結果姊姊在一旁冷冷地說：「我弟弟沒救了啦，他腦袋有問題，是有情緒障礙的孩子。」

正在情緒上頭的弟弟聽了這句話，他的憤怒像是添加了大量的火藥，失控大吼：「對！我有病！我有情緒障礙！我要打死所有人！」

我一邊處理兩人的衝突，一邊安撫弟弟的情緒，心裡卻納悶：「這對姊弟從哪裡聽到『情緒障礙』這個詞？為什麼會用『沒救了』來形容呢？」

下課後，由於父親還沒出現，我與姊弟倆聊了一下。

姊姊說，弟弟在學校經常失控，學校老師不只一次說弟弟有情緒障礙，每次當爸媽知道弟弟在學校「又」闖禍時，常常用「沒救了」來責罵弟弟；有時候爸媽還會以「生了一個腦袋有問題的孩子，實在很悲哀」來互相責怪。

「弟弟有沒有冷靜、不生氣的時候呢？」我問姊姊。

「有啊！他只有在跟我搶電視，或者玩遊戲的時候比較容易生氣。」姊姊回答。

「所以弟弟並不是隨時隨地都在生氣，對嗎？」

「好像是，而且弟弟平常還滿乖的，他都會主動幫忙掃地和擦桌子。」
「哦？弟弟有時候會主動幫忙家事，那你覺得弟弟還有沒有其他優點呢？」
「有啊！有時候他會把點心分給我，我覺得很開心。」
「嗯嗯，所以弟弟會有讓你開心的一面。還有嗎？」
「還有，弟弟的數學比我好，他算聰明吧？」姊姊露出有點不好意思的表情。
「所以弟弟還有聰明的一面。」然後我說：「姊姊呀，你很細心呢，可以發現弟弟有好多優點。那你覺得有這麼多優點的弟弟，真的沒救嗎？」
姊姊說：「應該不算吧？他只是有時候比較容易生氣而已，我也不知道為什麼大人都要這樣罵他。」

標籤會形成自我認同

想要知道自己身上有哪些標籤嗎？請靜下心來，跟著這三個步驟練習：
一、拿出一張白紙，或點開手機的記事本APP，不要想太多，迅速寫下五到十個你對自己的形容詞。
二、接著，請針對每一個形容詞想想看：這個形容詞是怎麼來的？是誰告訴你的？或者你是從哪些地方得知的？

三、請你在比較貼近你的形容詞下方畫圈，並且在你覺得其實不符合自己的形容詞底下打叉。

例如：

我對自己的形容詞	這是從哪得知的？	這真的像我嗎？
個性急躁	父母	O
脾氣暴躁	父母	O
自私	幾位以前的同事	X
樂於助人	朋友	O
性格保守	伴侶	O
落落大方	學生的回饋	X
愛表現	小時候的班上同學	X

仔細想一想：圈出「符合自己的形容詞」比較容易？還是在你「覺得不符合自己的形容詞」旁邊打叉比較容易？

對大部分的人而言，圈出前者是相對容易的。因為我們總是把別人對我們的回應往心裡去，卻很少去質疑別人對我們貼上的標籤。

在成長過程中，每一個來自他人對我們的形容、回饋、評價都是一種標籤。有時候對方甚至不需要說話，只要透過眼神、說話的語氣、回應時的肢體動作，就能對我們貼上標籤。

例如：當你拿著成績單回家，父母瞄了成績單上的分數，嘆口氣就轉身離開；當你報告業務內容的時候，主管蹺著腳，雙手抱胸，心不在焉；當你遭遇挫敗而難過時，對方表現出鄙視的眼神或語氣。

人們身上的標籤，早期大多是來自於父母（或其他主要照顧者）、親戚、鄰居，接下來是學校老師、同學，然後是你的伴侶、職場上的同事與主管等等。同一張標籤經過眾人的重覆黏貼與見證之後，將會變得威力無窮，人們也會依據身上的標籤作為對自己的認同。此時，我們等於是用別人看待我們的眼光來評價自己。

標籤會影響行為舉止

你曾經聽孩子說過類似的話嗎？

「我偷個東西有什麼好大驚小怪的？反正你們都說我是小偷。」

「我為什麼還要努力？你們不是都說我是沒用的人嗎？」

「考爛也沒關係啦，反正我就是班上的『爐主』啊。難道還有人比我爛嗎？」

既然我是小偷，偷東西也是正常的；既然我這麼沒用，那就不要求我、不要對我抱持任何期待；既然我是公認吊車尾的不二人選，考最後一名也是理所當然的。

當一個人藉由標籤形成某種自我認同時，就會依據自我認同的內容來決定自己的行為舉止。這正是所謂的「認知平衡」：**既然被賦予了某個角色，那麼我就讓自己演得像這個角色。**

舉例來說，手足當中的老大在大人的期待下，學會了扮演楷模與樂於分享的角色；老師在家長的期待下，成了不能犯錯、必須全知全能的職業；男性在文化的期待下，個性必須陽剛堅毅，避免脆弱；女性在文化的要求下，必須壓抑順從，理所當然去承擔各種家事。

這些努力滿足他人期待的人，可能會覺得疲累，卻未曾想過這麼做的必要性。因為當他們滿足了別人的期待，才會覺得自己是一個稱職的老大、老師、男性、女性。

孩子在成長的過程中，經常是透過重要他人的描述與回饋來認識自己，並且依據自我認同的內容來表現出對應的行為。可是大人們有時候說話的方式，真的會讓孩子不知道該如何是好：

- 一方面對孩子說「你沒救了」，一方面卻質疑孩子為什麼沒進步。
- 一方面嘲諷孩子「頭腦不好」，一方面卻又期待孩子考取好成績。

- 一方面禁止孩子跟朋友出門，一方面卻又不滿孩子個性內向害羞。
- 一方面批評孩子沒有主見，一方面又要求孩子凡事乖乖聽話就好。
- 一方面希望孩子獨立自主，一方面又不願讓孩子有做選擇的機會。
- 一方面對孩子批評與比較，一方面卻又希望孩子成為有自信的人。

哈囉！親愛的大人，你到底希望孩子往哪一個方向發展呢？

從現在開始，練習使用正向而明確的語言。**如果你希望孩子有所成長、可以更有自信，那麼，請停止使用嘲諷或批評的負向語言。**

無論是嘲諷、批評、比較，往往都只是讓說話的人短暫地宣洩情緒，卻造成接收的一方滿滿的挫敗。**藉由正向、明確的語言，才能讓孩子清楚知道你想鼓勵他前進的方向。**好好說話，把話說好，不僅能夠幫助孩子成長、獲得勇氣，也可以讓你們的關係更靠近。

標籤容易貼上但不易撕下

雖然那位姊姊說她不知道為什麼大人要這樣罵弟弟，但她在大人的耳濡目染之下，也不經意對弟弟貼上相同的標籤。每當弟弟情緒失控，她就會補上一句「你沒救了」。這句話聽在弟弟耳裡，等於再一次被強調自己是有問題的孩子。

這就是標籤最可怕的地方，我們經常是在無形中對別人（或被別人）貼上標籤，卻渾然不知。

雖然我們無法決定別人會如何評價我們，但是我們可以學習覺察、辨識自己身上的標籤，並且學會撕掉標籤。更重要的是，我們也必須幫助孩子學習覺察他們身上的標籤，避免被標籤所影響。

前述我與姊姊的對話，就是在幫助姊姊撕掉對弟弟貼的標籤。過往姊姊也覺得弟弟就像大人說的「沒救了」，但是在對話的過程中，她發現其實弟弟大部分的時間情緒是穩定的，而且樂於幫忙做家事，不僅有貼心的一面，也有聰明的一面。因此，她心裡面覺得弟弟「沒救了」的那張標籤，黏性就會減弱，比較有機會被撕下來。

避免汙名化

「我明明看見哥哥弄壞了妹妹的玩具，但是他不僅不承認，還鬼扯各種理由。年紀小小就這樣，我好怕他長大以後品格會扭曲⋯⋯。」許多大人如此擔心著。

會有這種擔心，大概跟台灣的俗語「細漢偷挽瓠，大漢偷牽牛」有些關聯。不過請你捫心自問，在成長過程中，你是否也曾經做過某些大人心目中的「壞事」呢？像是偷拿東西（就算只是一個五塊錢硬幣）、欺負弟妹（偷偷捏對方一下）、作弊（瞄一眼隔壁的選擇題答案）、說謊（對了，善意的謊言也是謊言喔）。

你我多多少少都有做過這些「壞事」的經驗吧？那個小時候偶爾調皮的你，長大以後有變成壞人嗎？顯然沒有。那就代表「小時候使壞，長大一定會變壞人」，並不是必然的因果關係。

其實，無論是藉由偷竊來獲得想要的東西、用說謊躲避被處罰、透過打人來保護自己避免被他人欺負，都是人性中再自然不過的一部分。這些行為本身當然不好，但如果家長或老師能陪著孩子去探索內在的情緒和需求，並且學習用更適當的方式來滿足自己，那麼這些不當的行為就能因為需求的滿足而消失。

用更溫柔的姿態深入故事核心

身為大人的我們，必須陪伴孩子探索不當行為背後的需求，進而學習滿足需求的適當方式，不該任由孩子表現不當的行為，最終形成惡的樣貌。與其為孩子貼上「你以後一定會變壞」的標籤，倒不如把力氣用來理解「孩子透過這種行為，到底想滿足什麼？」這一點吧。

其實，孩子並沒有如大人所想的那樣失控。

如果可以成為別人眼中的好孩子，沒有人想要當壞孩子。除非他不管怎麼努力，都無法滿足大人的期待。對許多孩子而言，他們想要滿足的需求很單純：希望自己是有價值的人；希望自己被別人所愛；希望自己是有能力的。

演講的時候，我常常提醒老師與家長：「故事就在那兒，端視你願不願意**敞開心房，用更開放的心胸去好奇故事的細節**；故事就在那兒，端視你願不願意**移動腳步，用更溫柔的姿態深入故事的核心**。」

隔著標籤，你只能看見外界對孩子賦予的觀點與解釋；**穿越標籤，你才有機會看見孩子最真實的樣子、聽見他內心深處的聲音**。

撕下標籤

小學時期，我們班上有一個同學叫阿昌。阿昌的衛生習慣很差，不僅身上經常散發一股濃厚的酸臭味，書包還時不時就有蟑螂頂著長鬚從縫隙鑽出頭來。他的食量很大，吃東西的時候又急又大聲。班上同學都很討厭他，除了刻意排擠，也替他取了許多難聽的綽號。

有一次阿昌請病假，老師在課堂上分享他的成長背景。老師說，阿昌的父母雙亡，他經常在親戚家輪流住宿或吃飯，有時候親戚可能藉故不讓他進去吃飯或過夜，他就得在街頭流浪，挨餓，也沒有地方好好清洗身體與衣物。但他不僅每天都精神奕奕地準時到學校，也從不會藉故拖欠作業，是個很有責任心的孩子。

知道阿昌的背景之後，雖然他的衛生習慣還是沒有改善，大家也依舊不喜歡靠近他，但攻擊的言語和行為減少了，大家也不再以難聽的綽號稱呼他。有時候，甚至有人（但從來沒人承認）悄悄放了豆漿或三明治在他桌上。

神奇的是，當同學們改變對待他的態度之後，慢慢地，阿昌也不再故意用鼻屎或蟑螂嚇同學，不會去干擾同學的遊戲。他開始注意吃東西的禮儀，抽屜也變得比較乾淨、整齊。

「標籤」往往來自我們對某個人、事、物的理解，然後依據這些理解對他人下評論。但問題就出在我們對他人的理解可能是片面、扭曲且不客觀的。就像小時候的我們，只因為看到阿昌外在髒汙、搗蛋的一面，於是幫他取了許多難聽的綽號，這些綽號就成了他身上的標籤。

「偏見總是模糊了真相。」[4]

還記得前面提到「瞎子摸象」的故事嗎？當你只是站在自己的立場來看事情，能夠收集到的訊息相當有限。但是當你願意移動腳步，站到不同的位置來觀看或接觸同一件事，就能看見不同的風景，看見更完整的樣貌。

老師那一番話引導我們跳脫原本充滿負向評價的觀點，讓我們可以深入認識阿昌的世界。當我們知道「原來他會這樣子，是基於某些不為人知的原因」、「換成我們遇到這些情況，情況也不會好到哪裡去」，就願意試著撕下他身上的標籤。

這個過程就叫做「理解」。理解不僅讓我們對彼此有更真實的認識、減少我們對彼此的刻板印象，也能提升對於他人的同理心，進而營造關係中友善的氛圍。

想要提升理解的能力，你可以從幾個層次著手：

Step 1

理解對方遭遇的困境

那些在我們眼中看起來不禮貌、有問題的行為究竟從何而來？

孩子真的是惡意的嗎？

或者，有沒有可能孩子也是迫於「無奈」，才會做出這些行為？

例如：說謊，是因為害怕被處罰；偷竊，是因為無法得到想要的東西；打架，是因為找不到其他的方式保護自己、避免繼續被其他同學欺負；沉默，是因為不知道怎麼說話，別人才能真正理解他；自大，是因為不知道可以用什麼方式讓別人發自內心欣賞他；中輟，是因為在學校遭遇太多挫折與傷害。

從這種角度來理解那些你不喜歡的行為，經常會發現這些行為只是一種手段，目的是幫助自己在困境中生存下來。

Step 2

理解對方渴望的需求

「需求」是推動人類行為最主要的力量（本書第三部分會深入說明孩子的核心需

---

4 這句話出自電影《十二怒漢》（*12 Angry Men*）。

求），幾乎所有的行為都是因為要滿足某些需求。

例如：說謊是為了讓自己全身而退、維持自己在別人心中的形象；打架是為了滿足自身的安全感、或被敬畏的感受；偷竊是填補自己在物質或精神層面的匱乏；沉默是為了保護自己、不被誤會；自大是希望自己在別人的眼中是有價值的；而中輟則是希望從其他管道獲得快樂與成就感。

需求沒有對錯之分。只是在滿足需求的過程中，孩子採取的方式有可能不適當。如果想要幫助孩子調整行為，就必須先理解他的需求，才能讓他在獲得滿足、覺得安全的情況下，發自內心地改變原本不適當的行為。

Step 3 理解對方成長的背景

談到需求，有些孩子特別期待被別人欣賞；有些孩子特別需要被關注；有些孩子期待在關係當中擁有更多的安全感；有些孩子追求的則是更多物質或成就的滿足。面對需求，人們為何會有如此不同的差異？最主要的原因之一就是「成長背景」。

一個人的性格與行為，通常是在成長過程中經年累月形塑而來。想要了解對方的困境與需求從何而來，最好的方式就是去認識他的成長歷程與生活環境。

從阿昌的生活環境來看，就不難理解「吃得飽、有地方睡覺」，比維持整潔或用餐禮儀還重要；對許多排行老大的人而言，由於從小經常擔任弟妹的楷模與照顧者，滿足別人的需求通常比照顧自己更重要；對一個從小缺乏資源、被忽略的孩子而言，把自己照顧好、確保自己獲得該有的東西，才是生存最重要的原則（但通常會被貼上自私的標籤）；對於一直以來都被當成核心人物、獨享家中所有資源的孩子，「與人分享」或「同理他人」可能就不是他熟悉的行為。

穿越標籤，才能讓關係更靠近

凡是有人的地方，霸凌、歧視與刻板印象從來都沒有消失過。這些現象起因於我們對人偏頗的理解（或者說缺乏真正的理解）。

我們傾向於用各種標籤來形成對一個人的認識，而不是去理解他的需求、渴望，或者困境。

當你理解了孩子的困境與需求之後，就比較不容易被他的問題行為引發負面情緒。雖然你暫時還沒有更有效的應對方式，但也不會對他貼上各種負面標籤。因為，你知道眼前是一個「用錯誤方式來滿足需求」的孩子，而不是一個「刻意搞破壞」的壞孩子。因此你的處理態度不會只局限在處罰或說教，也會加入討論和引導，而後者有利於你們建立起友善與合作的關係。

第3章

理解比評價更重要

這幾年在網路上流傳著這句話：「不看新聞，你會與世界脫軌；看了新聞，你會與事實脫節。」聽了這句話除了會心一笑，也格外覺得有感觸。

各家電視台與媒體藉由自己的立場重整訊息，並用他們的觀點向觀眾餵食訊息，而觀眾也會傾向選擇與自己價值觀相似的特定媒體。但你是否曾經思考過，那些你所青睞的媒體報導的內容，究竟是偏向客觀的事實，還是充滿主觀價值的加工品？

觀點決定你的行動

戴什麼顏色的鏡片，眼前的世界就會變成同一種顏色。

在這個世界上，每一個人都帶著主觀的視框在看事情。同樣一件事情，多少人來看就有多少種不同的解釋。最典型的例子，就是由不同政黨色彩的媒體對於同一件事情的重點擷取、播報方式，最終往往造就出天壤之別的新聞內容。

然而，**觀點不只左右你解讀事情的角度，也決定你與對方互動的態度與方式**。有一個研究可以用來說明這個現象。

研究團隊擬定了一份新聞稿，然後委由兩個政治立場完全不同的新聞台來播報。實驗的結果發現，觀眾在觀看這一則播報時，對於相同政治立場的新聞台給予較高的好感與信任度分數，對於立場相反的新聞台則給予質疑與較低分的評分。重點是：他們從這兩個新聞台看到的畫面、聽到的播報內容是一模一樣的。

從這個實驗的結果可以發現，人們對於一件事的評價經常包含了主觀的價值，而這個主觀價值也會影響他們的行動。

當你把對方的某個行為歸類為「乖巧」或「正確」時，自然會想給予鼓勵與獎賞，期待他可以持續維持這些正向的行為。當你把對方某些行為歸類為「叛逆」或「錯誤」時，你會想制止、矯正他的行為，希望他可以更聽話、更順從一些。

在這種你可能認為理所當然的反應裡，有個細節值得我們停下來好好思考，而這個細節，正是關乎你能否讀懂對方行為背後訊息的關鍵所在。

以親子互動為例，當你在獎賞或處罰孩子的同時，你的內心已經失去了對這些行為的「好奇」，你不清楚孩子從什麼時候開始這些行為；不清楚孩子從哪裡學會這些行為；孩子做這些行為的目的是什麼……，或許，你也不太有興趣深入理解。

你當然可以保有一套對於是非對錯的價值判斷，只是在親子互動當中，建議你調整過往習慣的順序，把「理解」放在「價值判斷」之前。先理解孩子的行為脈絡，再來談行為的對錯與改變。

理解，幫助你改善彼此的關係

你可能會想：「幹嘛這麼麻煩？依據孩子表現的好壞，看是要獎勵還是要處罰，不是比較乾脆嗎？」無論是重視績效的企業、重視班級管理的學校，或者重視教養的親子關係，經常都是這樣想的。

的確，這樣處理問題是比較有「效率」。對於現代繁忙的父母、班級事務堆積如山的導師，「追求效率」無疑是最吸引人的原則，這樣才能在有限的時間裡處理更多的事情。但是「人」不只是一個需要被處理的問題。很多時候，行為的是非對錯只是意味著這個行為能否被社會大眾所認同，但是行為背後所隱藏的訊息，才是真正的問題所在。如果只用是非對錯作為你看待他人的唯一標準，那麼你們之間將永遠存在著誤解和衝突。

「快」不等於「效率」，且後續引發的衝突和誤解可能會耗費你更多的時間與精力去修復關係（第五章會詳細討論這主題）。所以比起消滅有問題的行為，更重要的是去理解行為背後的問題。

雖然，光是理解並無法改變已經發生的事實，有時候也無法直接解決問題，但理解卻可以幫助我們**跳脫既有的觀點，從不同的角度來分析問題、理解孩子**。

理解孩子的行為，有幾個重要的目的：

一、在獎賞或懲罰之外，開發其他選項

某次我到宜蘭工作，卻訂不到當天回台北的火車票。由於隔天一早在台南還有演講，所以相當焦慮。結果現場工作人員聽了我的煩惱後，一派輕鬆地說：「老師你免煩惱啦！我們宜蘭人到台北很少搭火車的，你可以搭葛瑪蘭客運、首都客運，在台北車站或市府轉運站都可以下車，而且不塞車的話比搭火車還快呢！」我按照夥伴的建議改乘客運，果然比我預定的時間還早抵達台北車站，甚至還有時間先在附近吃頓晚餐，再悠哉地搭上高鐵回台南。

對一個問題了解得越透徹，就可能懂得越多問題的解決策略。同樣，當你能夠對行為了解得更深入，在教養孩子時，就不會只有獎賞或處罰這兩種策略。

另一方面，你擁有的問題解決策略越多，因應問題的彈性也越大。換句話說，同一個問題對於束手無策、或者只有一千零一招的人而言，可能會造成相當大的壓力。無論是在職場、婚姻、親子關係當中，與對方溝通的時候，你擁有的應對策略越豐

富，就越不容易在互動中被卡住、詞窮。

二、因為理解，減少負面情緒

大人在教養過程中最大的挫折，往往是來自於這樣的困惑：「能教的都教了，孩子為什麼還是重複同樣的行為？」「我們能給的都給了，他為什麼還會發生這些問題？」種種找不到答案的疑問，經常讓大人覺得徬徨、心灰意冷。你不知道究竟是自己的教育方式有問題，還是哪些環節出了差錯？

雖然理解孩子的行為不等於解決問題，卻能幫助你從不同角度來了解問題，增加對孩子的同理心，對他內在的情緒感同身受，進而降低你對孩子的負面情緒。

三、透過理解，拉近彼此的距離

光是你表達出對孩子行為的好奇，以及想要理解他的意願，認真傾聽且不急著批評，就足以讓孩子接收到你對他的愛與關心。

那些長時間遭受否定、責罵（甚至是被虐待或忽視）的孩子，因為不習慣別人的關心，起初可能會對你的好奇感到困惑，甚至有些敵意，所以會拒絕回應你的善意，或是與你保持距離。這些反應都不是你的問題，而是孩子缺乏被正向關注的經驗，因而對你的舉動感到陌生。

別灰心！多試幾次，相信一定能夠為你們的關係開啟新的篇章。

看起來正確的行為，真的是好的嗎？

有一次在國小演講時，我舉了一個曾經輔導過的小女孩為例。女孩就讀國小低年級，教室裡的書桌整理得整整齊齊，書包裡的東西按照夾層井然有序地放置；畫線時會用尺規小心翼翼地對齊許久才動筆，只要有一些歪斜，就會重新來過；考試的時候一定會重複檢查、驗算，直到鐘聲響起才會交卷；打掃工作更是令人驚豔，一眼望去只要是一塵不染、閃閃發亮的區域，肯定是她負責的部分。她不吵不鬧，偶爾有人稱讚她時，才會露出一抹天真的笑容。

如果要使用三個形容詞來形容這一個小女孩，你腦海中浮現哪些形容詞呢？起初，大多數人想到的可能是守規矩、乖巧、認真、懂事、愛乾淨之類正向的形容，這些形容的確都很貼近小女孩外在的行為表現。

現場有些家長聽完之後，羨慕地說：「如此乖巧的孩子真是不可多得，看看我家那兩隻，唉，要是能夠有這個小女孩的一半懂事，那該有多好？」其他家長聽了也紛紛點頭附和。

接下來我問了一個問題：「你們覺得這個孩子對自己是寬鬆的？還是嚴格的？」

家長們大多認為這個孩子對待自己是比較嚴格的。

「那麼，」我繼續提問：**「當一個孩子如此嚴格地要求自己時，她內在的感受會是什麼？」**

原本熱鬧的氣氛瞬間安靜下來。

一個不太允許自己犯錯、又處處嚴格要求自己的人，或多或少會有壓力吧？要是她付出了許多努力，但結果又不如預期，很可能還會伴隨著無力，甚至是自責、自貶的感受。

你看，光是一個提問，你已經**跳脫了原本只是欣賞外在表現的觀點，轉而關心這個孩子的內在感受**。

我們還可以繼續往下探究：對於大多數的孩子而言，童年時期應該是放鬆、快樂、在玩耍中學習的，但一個孩子卻從小小年紀就開始嚴格要求自己；對於犯錯感到恐懼；唯有被大人肯定時才會覺得開心……你猜，這一切是怎麼開始的？她真的喜歡自己現在的樣子嗎？或者她只是希望自己可以達到某些人的期待、進而獲得鼓勵呢？

思考至此，相信你也會開始關心起這孩子的成長環境，擔心她是否被賦予太多期待，背負太多來自大人的壓力。於是，你會想要了解她真實的感受與需求，希望她可以學習更放鬆的生活方式，更自在地展現一個兒童原本應有的樣貌。

對這個小女孩而言，外界的讚美聽在她的耳裡可能是既開心又痛苦的矛盾訊息。

你以為自己鼓勵了她，實際上卻是往她身上又施加了一道沉重的枷鎖。

如果沒有深入了解對方的處境，只是因為欣賞對方的行為就予以讚美，有時候帶給對方的反而不是正向的感受。

看起來錯誤的行為，真的是壞的嗎？

身為心理師的我，有好長一段時間在演講時，很不喜歡（甚至是害怕）看到台下聽眾表現出心不在焉、興趣缺缺、中途離場的行為。

每當我在台上認真分享時，如果台下有人打哈欠、滑手機、或者起身走動，我會覺得不被尊重、直覺對方很沒有禮貌。當負面的感受與想法在心裡攪和時，我會開始分心，忘了原本想要補充的資料，也失去繼續對這群聽眾說話的熱情。

幸好隨著演講經驗豐富之後，我逐漸發現自己對事情的主觀評價經常有偏誤。

有一次我在國小對家長演講，過程中有一位家長不停看手錶、滑手機，偶爾抬頭看向我，卻皺著眉頭，露出不耐的表情。有幾次當大家在進行分享的活動時，他甚至起身離席，走到教室外面。就在演講結束前半小時，他拎起包包提早離開會場。在講台上看著這一幕，我覺得很不被尊重、懷疑是不是自己講得很糟糕，也擔心家長如果不捧場，學校以後就不再邀請我了。

散場後，主辦講座的老師來向我致意。他說剛剛那位家長因為孩子在安親班發生了一些事，必須提早離開去了解狀況。也因為這樣，他在講座中必須到外面接電話，回到座位後又趕緊用手機記錄下演講的重點。他一直在注意時間，希望可以把講座聽完，無奈後來還是得先離場。家長在離開前特地請老師轉達，說這是他聽過最感動也很受用的演講，希望我不要介意他提早離席，也拜託學校再邀請我來演講。

另外有一次，我在國中帶領教師研習，一位老師遲到許久才進來。他在入口處簽到後就坐在最遙遠的後方，與大家沒有任何互動。演講進行到一半時，他突然站起來，用力推開門快步離去。突如其來的聲響讓在場的老師們都嚇了一跳，大夥面面相覷，沒有人知道發生了什麼事。

直到演講結束前五分鐘，他突然又進入教室，然後直接走到簽到處簽名。看在我的眼裡，心裡最直接的猜測就是：「錯不了的！他根本沒有參與的意願，只是來簽到、簽退，想要蒙混拿到研習時數而已。」

偏偏這次我又猜錯了，而且還錯得很離譜。

當天講座結束後，這位老師到講台旁向我致歉，並且拿出一張寫滿筆記的紙，向我請教許多與學生溝通的問題。

這麼認真的老師，剛剛到底發生了什麼事？

原來當天他答應幫同事代課，就在上課前經過演講場地，他很好奇地進來聽聽看我在講什麼，而且想說坐在最後面，待會中途離開比較不會干擾到大家。沒想到這一聽竟然聽到入迷，完全忘了要去幫同事代課這件事情。等他意識到的時候，上課鐘聲已經過了好一會兒。所以他趕緊起身衝去上課。可是在上課的過程中，腦袋還是不停回想剛剛演講的內容，以及過往與學生互動時的困境。因此他一邊講課，一邊在心裡思考待會想要提問的問題。

下課後，他趕緊衝回來聽演講，而他手上拿的那張寫滿字的紙，正是剛剛他走進教室後趕緊到簽到處的桌子去找的空白紙。我以為他是急著想要簽退，但他其實是去找紙、把想問的問題寫下來。

像這樣，中途離席、看手機、打哈欠，都是我主觀認為負面的行為，但很多時候這些行為背後都有各自的原因。即使真的有人因為覺得無聊而提早離席，也未必是惡意的。他們只是希望用這一段時間去做對自己更有意義的事情。如果因為這樣就被講師冠上不認真、態度不佳的標籤，真的是很冤枉。

累積了多次猜錯的經驗之後，我開始注意到自己主觀評價出錯的頻率相當高，所以未來如果又遇到類似情況，我會提醒自己先觀察看看，不要用刻板印象去解讀他人的行為。當然這個提醒最大的受益者還是我自己，因為這樣心情比較不會受到影響，也讓留下來的聽眾繼續聽到優質的演講。

是非對錯很重要，但那並不足以呈現事情的全貌。當你在理解自己或他人的行為時，記得「暫時」跳脫主觀的價值判斷，才能幫助你冷靜下來，用更客觀與清明的觀點理解行為背後隱藏的訊息。

最好的方式，就是在生活中持續檢核你對事情的評價與事實是否有出入？如果經常發現自己所想的與事實有出入，就要提醒自己停下來，試著去理解對方，而不是輕率地賦予主觀的解釋。

好好說話

「我很努力跟兒子聊天，但不知道為什麼，經常聊沒兩句孩子就不講話了。」家有小學生的父親小馬說。

「你先生是個不擅長聊天的人嗎？」我轉頭問小馬的太太。

「不會啊！我們從大學開始交往，到現在每天都還是很有話聊。不知道為什麼，他面對這個孩子就是聊不起來。」太太小惠回應。

「你覺得面對孩子與面對太太的差異是什麼？」我問。

小馬搖搖頭說不知道，於是我請他舉出與孩子聊天的情境。

情境一

小馬：「今天在學校還好嗎？」

孩子：「今天班上有人打架，我在旁邊看。」

小馬：「你為什麼沒有去告訴老師呢？這樣不好吧？」

孩子：「……………（沉默）」

情境二

小馬：「今天的營養午餐好吃嗎？」

孩子：「普通，但是學校的番茄炒蛋超級難吃。」

小馬：「小朋友不可以挑食哦！番茄很好吃啊，你為什麼不喜歡呢？」

孩子：「…………（沉默）」

聽到這裡我心裡已經有個底了，不過為了謹慎確認，我又請小馬分享他與太太聊天的方式。

「要說什麼？」小馬搔搔頭，有點不好意思地看著小惠。

「上週發生了一件重大的事情，」小惠說：「我在辦公室跟主管吵了一架，還大吼說不幹了。沒想到主管竟然嗆我有膽就當場提辭呈。結果我當下尷尬萬分，又生氣又難過，下午乾脆請假回家。」

小惠接著說：「回到家後我看到休假在家的小馬，就跟他講了這件事。我在講的時候覺得很緊張，怕他會罵我太衝動，搞不好會因為這樣丟了工作。」

「結果呢？」我問。

「他說，老闆一定是做了很過分的事情，才會讓我這麼生氣。」小惠說。

小馬說：「對啊！她老闆是真的太機車了。她當下一定是忍無可忍，或真的找不到更好的方式，才會這樣回話。」

「哦？」我好佩服小馬對太太的同理。

「不只這樣……」看到我露出驚訝的表情，小惠接著說：「他還跟我說：『那時候沒有人跳出來為你說話，你應該很難過吧？』我也覺得自己太衝動了，但是聽到他這麼說，我就覺得安心許多，幸好他不是先罵我。然後他還說：『要不要出去走走？我帶你去吃蛋糕，趁孩子還沒有放學。』」

小馬聳聳肩說：「對小惠來講，沒有什麼困難是吃一片蛋糕不能解決的。如果有，那就再吃一片！」

「謝謝老公。」小惠露出又甜蜜、又感謝的表情對小馬說。

看到他們夫妻如此融洽的對話，我清楚知道小馬要改善與兒子之間的談話，其實比一片蛋糕還要容易。我提醒他調整與兒子對話時的兩個元素。

元素一、減少主觀評價

畢生致力於推動「非暴力溝通」的馬歇爾．盧森堡（Marshall Rosenberg）博士在《非暴力溝通：愛的語言》（*Nonviolent Communication: A Language of Life*）中指出，想打造正向的溝通，很重要的是，盡可能避免「主觀的評價」。

主觀評價指的是你對一切事情的解讀，在客觀事實之外加入了自己的情緒或價值作為評價的依據。在許多情況下，主觀的評價可能會讓對方感覺到被誤解、被指責，因而拒絕繼續溝通。

舉例來說，當小馬聽到孩子沒有向老師報告同學打架的事情，眼裡看見的是「沒有做出正確反應」的孩子；聽到孩子討厭番茄炒蛋時，就看見「偏食」的孩子。這也難怪孩子後來就不跟他說話了，畢竟每講一件事就會被父親評價。

相反地，當小惠氣沖沖回到家的時候，小馬不是責罵，也不是勸告，因為他看見的是一個「忍耐已久、滿腹委屈」的太太，自然就表達出對太太的心疼，給予關心和陪伴。

所以，如果想要提升孩子聊天的意願，小馬可以這麼回應：

- 看到同學打架，你的想法和心情是什麼？班上其他小朋友在做什麼呢？
- 如果有人打架，你覺得旁邊的人怎麼幫忙，才不會讓事情變得更嚴重？
- 如果不打架，還可以用什麼方式解決問題呢？
- 你不喜歡番茄炒蛋啊？你覺得那個味道像什麼？班上也有人跟你一樣不喜歡番茄炒蛋嗎？
- 如果你發現營養午餐有不喜歡的菜色，那怎麼辦呢？

元素二、謹慎使用「為什麼」

小馬與孩子和太太的對話中，另一個很大的差異就是問「為什麼」。我們經常用「為什麼」做為提問，但這三個字在某些情境下容易讓別人覺得被質疑或否定，進而引發不舒服的感受。好比說：

一、當孩子心情不好時：這時候孩子需要的是陪伴，但是當你說「你為什麼這麼難過？」「你為什麼這麼害怕？」「你為什麼要這麼緊張？」會讓孩子覺得你不理解他、認為他小題大作、太脆弱。

二、當孩子表現不佳時：此時孩子可能處於懊惱的情緒，諸如「你為什麼不跑快一點呢？」「你為什麼考這麼糟？」「你為什麼把菜煮成這樣？」這些問句不僅沒有幫上任何忙，還會讓孩子覺得被你質問，也覺得你缺乏同理心。

三、當孩子處於劣勢時：此時孩子可能處於沮喪的情緒，但你說「當初為什麼不聽我的話呢？」「你為什麼讓別人這樣對你？」「你為什麼要跟他一起去做這件事呢？」則會讓孩子覺得你在他的傷口上灑鹽。

不過，「為什麼」這三個字如果運用在孩子有好的表現時，倒是能夠為你們的關係加分不少。例如：

- 大家都害怕大隊接力賽，你為什麼願意自告奮勇當第一棒呢？
- 你可能也有點害怕，但為什麼能勇敢地承認呢？
- 大家都欺負小華，你為什麼願意為他挺身而出呢？
- 為什麼這一次你有辦法控制情緒、好好說話，而不是生氣呢？
- 上次我誤解了你，為什麼這次你還願意幫我呢？
- 升上高中後課業分量增加不少，為什麼你還是有辦法分攤家事呢？

下回當你跟孩子聊天時，就可以提醒自己在適當的時間點提出「為什麼」，相信可以換來孩子更熱切的回應。

第4章

掌握正向思考的訣竅

親愛的，每當孩子出狀況時，你是否經常覺得自己不夠有耐心？覺得自己教得不夠好？是否懷疑為什麼別人家的孩子比較乖？是不是別人真的比較會教孩子？想到後來，甚至懷疑自己根本沒有資格為人父母或老師。

我相信你很辛苦，或許也很挫折，但是我要告訴你：這種**自我詆毀的想法並不客觀，對你也不公平**。事實上，我認為再也沒有比你還要更有耐心、更努力的大人了。

你可能會覺得這只是一句恭維的話，畢竟我又沒有見過你的「真面目」，怎麼會對你產生這種美麗的誤解呢？更何況，你曾經不只一次因為失去耐心對孩子破口大罵，對孩子感到灰心，甚至曾後悔生下他們。偶爾，你也會把自己的負面情緒遷怒到孩子身上，對吧？這樣的你，怎麼稱得上是一個有耐心又努力的大人呢？

如果你因為曾經對孩子發脾氣就覺得自己很糟糕，因為別人負面的評價而否定自己，那麼就不難理解何以你總是難以發自內心欣賞孩子與自己。**因為你凡事只關注在**

行為的結果，一旦表現不如預期，你就否定了這個人的價值，無論這個對象是孩子、伴侶，或是你自己。

「正向管教」到底是什麼？

提到「正向管教」，你會想到什麼呢？不能發脾氣？不能責罵？可以允許孩子為所欲為？

說真的，「正向管教」這幾個字似乎讓許多大人在教養上無所適從、備感壓力。過往熟悉的打罵被視為不當管教，買東西獎勵孩子又被說是溺愛，可是好好用講的，孩子根本就不聽。

我甚至聽過大人把教養比喻成馬戲團，但孩子比較像馴獸師，把父母和老師耍得團團轉；到後來，光是聽到「正向管教」這四個字就不禁令人翻白眼，因為那似乎暗示著大人不懂得欣賞孩子、不擅管教、情緒管控不佳。

「其實對於孩子的某些行為，即使是身為心理師的我遇到了，也會很抓狂。」每當我在演講中說出這句話的時候，在場的家長或老師眼中彷彿閃爍著被同理的淚光。但這句話是我發自內心、實實在在的肺腑之言。

・當一件事情重複講了又講，孩子還是重複犯同樣的錯，你能不抓狂嗎？

・當你累得半死、只想好好睡一覺時，卻看到聯絡簿上密密麻麻的紅字寫著孩子在學校闖的簍子，你能不抓狂嗎？

・當你克制情緒，想用心與孩子討論某些問題時，他卻對你愛理不理、推卸責任，你能不抓狂嗎？

・當你發現孩子在外面和朋友相處時和顏悅色、掏心掏肺，轉身對你卻是冷眼相待、以甩門代替問候，你難道不會抓狂嗎？

遇到以上狀況，如果這時候身邊又有人對你說「是你不懂孩子」「凡事要往好處想」「孩子其實不難教，你應該要更有耐心」……哇！這種話聽在耳裡猶如火上加油。我相信你不但沒有因為這些話而釋懷，還可能更生氣、更挫折。

「去你的正向管教！」

正向管教不是「凡事往好處想」

請記得：不當的行為就是不當的行為。

正向管教不是要你一味地讚美。有時候孩子的行為的確不恰當，此時父母與師長當然有責任提醒與教育孩子，幫助他覺察並修正自己的行為。

過往我們經常誤解了正向管教的精神，以為所謂的「正向」就是硬要從不當的行為或態度中找到美好的意義來讚美孩子，但這麼做只是忽視孩子犯的錯，也讓他錯過重要的學習機會。好比說：

- 孩子在學校動不動就打人，父母親卻讚美孩子說：「太棒了，你很勇敢、力量很大。」
- 孩子在別人說話的時候任意插嘴，大人卻說：「很好，你很能夠表達自己的意見。」
- 孩子沒有把自己責任範圍內的事情完成，大人卻說：「沒關係，你只要做自己想做的事、開心就好。」

這些語言不僅忽略了孩子偏差的態度與行為，也無法幫助孩子獲得該有的學習。正向管教的目標，其實和絕大多數家長與老師內心所想的一致：**孩子必須學會自我反省，學習更適當的態度與行為。**

如果要調整孩子的不當態度或行為，卻又不是用體罰或批評的方式，那麼大人到底該怎麼做？正向思考的精神又是什麼？

提升高度、拓展視野

過往威權的時代，父母親管教孩子的方式相當有限，對的行為就給予獎賞，錯的行為則予以處罰。以往在對與錯之間似乎有一道清楚的界線，一旦做錯事，除了接受處罰，好像就沒有其他可能了。一個人犯了罪，除了接受法律的制裁，鮮少有人會去了解他的成長歷程、行為脈絡，以及他的相關人權議題。可是人類的行為很複雜，即使是錯誤行為，背後也可能有著普遍人類都想要滿足的需求。

而正向管教的態度是：**雖然犯錯是事實，但是在不當行為的背後，肯定還有許多訊息值得我們去探索；有更多脈絡值得我們去理解。**除了處罰之外，我們也需要幫助孩子學會更多重要的事情。

正向教養幫助我們拓展看待事情的觀點，就像時下流行的空拍機，當攝影鏡頭躍升到高空之後，就能看見更寬廣的景象。此時，原本錯誤的行為當然還是存在，但是它只會成為畫面當中的一小部分，在它之外，還有許許多多值得被我們看見的景色。而這些景色，都能夠幫助我們對孩子產生更多理解。

正向教養的目的，是提醒大人在面對孩子的表面行為時，**可以暫時跳脫世俗的評價，以更開放的態度去探索這個行為的意義。**也就是說，正向的觀點不會只是把注意力放在不當的行為或失敗的結果上，也不認為事情只有負面的部分，只要我們願意敞開心胸探索，肯定能夠發現豐富的訊息。

所謂「正向思考」的精神是：

一、**行為是為了滿足需求**：雖然行為有對錯之分，但孩子想要被滿足的，往往是人類普遍共有的需求。正向教養提醒我們不要只是把觀點投注在不當行為上，如果行為背後的目的是想要滿足某些基本的需求，那麼如果這些需求沒有被滿足，無論孩子遭受各種處罰，問題行為要不換成另一種形式存在，要不就是學會壓抑或否認自己的需求。

二、**問題並非時時刻刻都發生**：有時我們會因為孩子某些不當行為感到憂心，害怕孩子「變壞」了，會覺得以前那個乖乖牌的孩子不復存在。但實際上，孩子並沒有時時刻刻都犯錯，他一定有表現好的時候，也一定有表現得沒那麼糟糕的時刻，只是我們不自覺地把目光都集中在不當行為上，放大了孩子身上那張負面的標籤，卻忽視了孩子正向的部分。

三、**沒有無法溝通的人，只有無效的溝通方式**：即使溝通不容易，但一定有某些方式比較適合你與孩子。溝通之所以出現問題，是因為還沒有找到適合彼此的方式，但不代表彼此無法溝通。只要願意持續探索溝通的方式，相信關係一定有機會改善。

四、**回饋與成敗同樣重要**：「失敗為成功之母」並不是說只要多失敗幾次，自然就會成功。這句話真正的意思是提醒我們：**雖然行動結果有成功或失敗之分，但每一次的行動也都伴隨著重要的回饋**。無論是吵架、衝突，或是開心地聊天，你都能從每一次與孩子的互動中汲取經驗。收集這些經驗，並且依據回饋來調整想法、行動，長期累積下來，一定能讓親子關係越來越好。

五、**過程與結果同樣重要：**有比較就會有輸贏，偏偏我們的文化又特別喜歡以各種結果來做比較。倘若只用結果來評估孩子的價值，那麼開心的人永遠都只是少數。就像那些總是只能在台下為第一名或模範生鼓掌的小朋友，對他們來講，頒獎典禮永遠就只是一件在大太陽底下為別人喝采的苦差事。

事實上，除了表現的結果，一個人在過程中的努力、堅持、勇敢、善意都是值得被鼓勵、被肯定的（後續章節會提到如何將這個概念運用到與孩子的互動中）。如果一個人有機會從小獲得足夠的正向關注，就能用更健康的方式來面對勝負，減少伴隨失敗而來的負面情緒，並且長出面對挑戰的勇氣。

正向管教與傳統管教的差別

還記得〈標籤的影響力〉裡提到的那對姊弟嗎？我與姊姊談話時，並沒有忽視弟弟的情緒化與伴隨情緒化而來的失控行為。但是我協助姊姊看見弟弟並不是時時刻刻都處在情緒失控的狀態，而他在失控之外也有許多正向的表現。

一旦姊姊看見弟弟在情緒化之外也有許多正向的部分，她心裡那張「弟弟沒救了」的負面標籤就有機會鬆動、撕下。

擁有正向思考的大人不會把力氣都投注在處罰或批評上，相對地，他們會試著理解行為背後的目的，並引導孩子反省自己的行為，不僅讓孩子探索內在的情緒與需求，也帶領孩子學會以比較能被他人接受的行為來表達情緒或滿足需求。

傳統管教的策略是賞與罰，目的是矯治孩子的行為；正向管教的策略是教育和學習，目的是陪伴孩子學會更適當的行為。前者是由外在的力量押著孩子往大人期待的方向前進；後者則是幫助孩子從內在長出約束自己、欣賞自己的能力。兩者的最終目標都是期待孩子能夠步上正軌，但精神與策略卻截然不同。

讓我們來看看，面對各種情境，傳統的觀點與正向觀點的差異為何：

情境	傳統管教的觀點	正向管教的觀點
對於犯錯的孩子	批評孩子品行不佳、叛逆，認為犯錯是一種汙點，就算其他面向表現得再好也沒有用。	觀察孩子何時沒有出現不當行為？ 觀察孩子何時曾經試著停止不當行為？

對於孩子的表現	只有獲得好成績、好成就才值得被獎勵。	在成績之外，同時也重視他在過程中投入的努力、堅持。
對於問題行為的看法	唯有處罰、矯治不當行為，孩子才有可能恢復正常。	藉由提升孩子的正向行為，相對減少負向的行為。
孩子出狀況時，父母對自己的看法	孩子犯了錯，代表父母教得不好、缺乏教養能力。	認為父母也有犯錯的權利，也需要時間慢慢學習。當孩子出問題時，正好是修正教養方式的好時機。
對於親子衝突的看法	親子溝通不良代表這個家庭有問題，一定有人搞砸了這一切。	溝通不良代表目前的溝通方式並非最理想的，繼續嘗試不同的互動方式，相信關係會有所改善。

無論你是大人或是孩子，哪一種觀點讓你覺得比較舒服？哪一種觀點會讓你覺得比較有希望感？哪一種觀點會讓你減少挫折感，重新擁有面對問題的勇氣呢？

我想答案應該很清楚吧！

找回遺失的自信

曾經有一位媽媽跟我分享，他的三個兒子都讀台大，老大畢業後當醫生，老二與老三則是到國外繼續進修研究所。以前參加學校的家長座談時，其他父母都帶著欽佩的語氣請教她如何教養孩子。

她說，其實自己做的事情和其他家庭都一樣，或許孩子真的對念書比較有興趣，所以不太需要她擔心。但是除了課業之外，她覺得這輩子最困難的任務，就是學習如何陪伴孩子。

她說，孩子就讀小學時，她花了好多力氣才比較聽得懂兒童想表達的意思，了解他們的需求，但這時候孩子陸陸續續上國中、進入青春期，她又得重新去認識青春期孩子的特質，以及在衝突中學習與孩子磨合。等到她稍微熟悉國中生的特質之後，孩子上高中了。他們什麼事都有自己的想法，不過問的話，擔心會有狀況；過問的話，孩子要不是生氣，就是沉默不回答。

後來三個孩子陸續上大學，紛紛離家到北部念書。由於早年就離婚，家中只剩下她一個人，過往那些吵吵鬧鬧的聲音突然消失了，她又得開始學習獨自適應所謂的

「空巢期」。

回顧這十幾年的教養歷程，她常常覺得很無助、很挫敗。

「別人都說我很會帶孩子，其實我常常不知道他們在想什麼。或許這三個男生的心事，不方便也不願意跟我這個媽媽說吧。」媽媽苦笑，嘆了一口氣。

我對這聲嘆氣很熟悉，這在我與許多父母親進行諮商時經常聽見。好比說：

- 對於父母的關心，孩子總是愛理不理、已讀不回，覺得難以拉近彼此的距離。
- 孩子不停出問題，父母好說歹說似乎都沒有效果。
- 孩子動不動就生氣、回嗆，到後來連父母也害怕與孩子互動，深怕一不小心又會引發衝突。
- 當孩子遭遇挫折時，父母又心疼、又著急，常常不知道怎麼做才好。

我在爸媽一聲聲的嘆息中，不僅聽見無奈，有時候也聽見了自責，甚至是自我否定。爸爸媽媽明明就很努力，為什麼在教養的過程中卻越來越感覺到挫折，甚至失去自信心呢？

有一句俚語說：「在手裡拿著鐵鎚的人眼中，世界就像一根釘子。」身為全球百大富豪，同時也是股神巴菲特重要合夥人的查理・蒙格（Charles T. Munger）在許多頂尖大學演講時，經常提醒學生：如果你只有某一種觀點，就只能用這套觀點來思考事情；如果你只有一種思考架構，那麼你解決問題的策略就會相當受限。因此，如果你總是使用「結果」做為評價自己的唯一標準，無論你多麼努力，只要結果不如預期，就會覺得自己是一個沒用的人。長期以這種觀點來看待自己，當然會覺得無能為力，也越來越沒自信。一個沒有自信的大人，也很難養出有自信的孩子。

如果你覺得自己也是個挫折的大人，請不要總是把力氣放在「如何教育孩子」或「孩子教得如何」上，也請你陪伴自己，重新找回遺失的自信。

在這裡，爸媽可以藉由正向思考的五個原則來練習欣賞自己，提升自信心：

一、行為是為了滿足需求

孩子在成長的過程中難免會有大大小小的狀況，但有時候孩子表現出不如我們預期的行為，並不代表那是「問題」，也不是你教得不好，孩子或許只是透過這些行為表達他的感受與需求。例如頂嘴，是希望讓你聽見他的聲音；沉默，是為了保護自己不要被罵；反抗，是想捍衛自己的價值觀。

面對這些行為，雖然難免不舒服，但我們的焦點不是放在責備自己或批判孩子，而是陪著孩子一起探索他們匱乏的需求、並共同討論出更適當的行為。

二、問題並非時時刻刻都發生

即使孩子有一些問題行為，但這些行為並非時時刻刻發生。有時候我們聽到老師反應孩子的狀況時，可能會擔心到整晚睡不著。我們的腦海不斷地重複著：「怎麼辦？孩子怎麼會有這種行為？……」卻忽略了大多數的時候，孩子並沒有問題。

我們可以思考的是：什麼情境下孩子會有正向表現？哪些時候孩子沒有出現問題行為？什麼時候我們有很好的溝通與互動？什麼情況下孩子沒有情緒化的反應？找出這些正向的時刻，並且試著讓這些正向的行為拓展到其他的情境。

三、沒有無法溝通的人，只有無效的溝通方式

與孩子的相處中，最令大人挫敗的莫過於溝通不順暢。有時候明明是善意的關心，孩子不是愛理不理，不然就臭臉以對。我常常鼓勵大人這樣思考：這一次溝通不順暢，代表你成功找到不適合與這個人互動的方式，大不了下次再換個方法試試。

當你認為「他是無法溝通的孩子」或者「我是不善溝通的大人」，這會讓你否定自己的努力與能力，也會對孩子累積負面情緒。如果把焦點放在「不是人有問題，只是溝通策略需要調整」，讓自己重新燃起希望感，也能減少不必要的負面情緒。

---

5 參見《窮查理的普通常識》（*Poor Charlie's Almanack*），查理．蒙格（Charles T. Munger）著。

四、回饋與成敗同樣重要

重視每一次和孩子的溝通，無論這次的溝通是滿意，還是挫折，都值得我們從中汲取經驗，做為下一次互動時的參考。「別讓眼淚白流，也別讓用心白費。」藉由每一次的經驗做修正，你將越來越能掌握與孩子互動的心法。此外，無論是夫妻或學校裡的老師，也可以互相分享自己與孩子互動的經驗，協助彼此看見身上正向的回應方式，並互相學習。

五、過程與結果同樣重要

「結果」經常是一翻兩瞪眼，例如成功或失敗、滿意或失望；但「過程」是累積而來的，所有你付出的努力、走過的足跡，都是不能被否定、無法被抹滅的。

有時候即使能做的都做了，孩子依舊有些狀況，或是與孩子的關係時不時起衝突，但這都不代表你的努力白費了，也不代表你是不好的大人。

請記得，在這過程當中你所投入的努力、想要改善這一切的意願、想幫助孩子的用心、面對挫折時的堅持……，都是難以被量化值得被你自己肯定的行動。

第5章

放慢腳步，提供有品質的陪伴

星期一的清晨六點五十分，怡安準備出門上班，在玄關處提醒就讀小二的兒子動作快一點，但提醒許多次還不見人影。眼看時間一分一秒經過，直到怡安準備扯開嗓子下最後通牒時，兒子終於穿著歪歪斜斜的制服出現。怡安趕緊拉著兒子踏出家門、跳上汽車，準備出發開啟各自的一天。

車子才剛駛出小巷，天空就下起滂沱大雨，伴隨著大雨而來的是煩人的塞車。怡安掛念著早上一場重要的會議，她必須提早到公司做準備，在這之前還得先把兒子送到學校，但是學校正門最近在施工，所以她必須繞到另一側校門放兒子下車，而這個動作勢必比平常多花十分鐘……，能不能準時到公司呢？走哪一條路會比較順暢？她越想越焦慮。

卡在車陣中動彈不得時，她瞥見一旁的兒子雙眼放空，手上的三明治一口都還沒動，早上為他沖泡的牛奶麥片顯然也沒帶上車。她順著孩子停滯的雙手往上看，第一顆鈕扣塞在第二個洞、制服領子往上翹、嘴邊還有半乾的牙膏泡沫……。她突然想起今天是孩子穿運動服的日子，他怎麼穿制服？這下子怎麼辦？不回去換衣服孩子可能被罵，但回家換衣服的話上班鐵定遲到。就在此時，雨勢變得更猛烈，車陣中的喇叭聲開始此起彼落響起……

對於多數身為上班族的父母親而言，這樣的情境肯定不陌生。想想看：如果你是坐在駕駛座的怡安，這時候會如何反應呢？

請你靜下心回想一下：身為大人，你覺得自己和孩子相處時的品質如何？

這裡有十二道題目，是許多親子在日常生活中經常會出現的互動情境，我要邀請你勾選出自己與孩子／學生互動時習慣採取的方式：

（　）一、傾向直接幫助孩子解決問題，覺得孩子當下的情緒是多餘的

（　）二、經常以各種行為表現的結果，作為獎勵或懲罰孩子的主要依據。

（　）三、與孩子吃飯時，習慣一邊看電視、滑手機或回覆訊息。

（　）四、看到孩子，就忍不住想要先叮嚀（或碎念）他某件事情。

（　）五、與孩子相處時，心裡經常想著工作或其他事情。

（　）六、覺得與孩子慢慢討論很沒有效率，直接告訴他方法就好。

（　）七、孩子遇到問題時，擔心他因為無知或單純而受傷，急著想給建議。

（　）八、常常想著「等我完成＿＿＿＿之後，再陪孩子＿＿＿＿」。

（　）九、經常忘記（或取消）與孩子約定的時間或事情。

（　）十、認為當孩子達到某些標準或成就，自己才算是好的父母（或老師）。

（　）十一、問了孩子問題之後，自己卻總是在傾聽的同時做其他事情。

（　）十二、覺得孩子應該先聽你把話說完，才算懂事、有禮貌。

藉由這個測驗，你可以從三個方面來觀察自己：

一、**與孩子互動時，重視結果更甚於過程**（第一、二、八、十題）。如果你在這幾題打勾，可以回想一下：自己是否經常急著想要處理問題，卻忽略了孩子的情緒感受？是否習慣於論功行賞，以表現結果作為評價的依據？

二、**習慣一心多用、在同一時間裡同時處理多件事**（第三、五、九、十一題）。如果你有勾選這幾題，**請留意自己是否在陪伴孩子時經常呈現分心的狀態**。由於你並沒有專注在陪伴對方，可能無法正確理解孩子想要表達的意思，你常常覺得困惑：明明就花時間陪伴孩子，為什麼距離還是很疏離？

三、**習慣單向傳遞訊息，缺乏雙向的交流**（第四、六、七、十二題）。若你有在這幾題打勾，可以檢視一下，與孩子互動時是否少了讓孩子澄清或表達想法的機會？或者雖然你鼓勵孩子表達，但對於你所不認同的價值，總是很快地加以批評或否認，缺少了相互分享與討論的過程？

「著急」讓你的善意大打折扣

過去曾有醫院發現，心臟科候診區的椅子磨耗程度比其他科別來得嚴重。仔細觀察後才知道，在這些罹患心血管疾病的患者當中，有一大群人的個性相當急躁，坐的時候特別用力，並且會不斷變換姿勢、扭動身體、頻繁起身與坐下，顯得相當不耐。後來他們依此研究，歸納出「A型人格」。這類型的人個性急躁，對人與對事的要求極高；他們不僅追求完美主義，也相當講求效率。

但是你知道嗎？急躁的性格不只會磨耗椅子，也會讓你的人際關係傷痕累累。

本章開頭的情境，埋藏了許多親子衝突的爆點。

父母親在焦慮之際可能會說：「你的制服怎麼沒有穿好？」「你為什麼穿制服？今天不是穿運動服嗎？」「趕快把早餐吃完，已經快到學校了」「麥片呢？你的腦袋到底在裝什麼？為什麼總是忘東忘西？」「你可以不要害我上班遲到嗎？」

孩子有時候可能會臭臉、沉默，有時候可能會回嗆：「誰要你管我？你自己去上班就好了啊！」「知道了啦，可以不要一直唸嗎？」「我穿錯衣服關你什麼事？」「那你昨晚幹嘛不把我的運動服準備好？」

「什麼叫不要管？那你要怎麼去上學？」「你這是什麼態度？你難道不能好好反省嗎！」「不關我的事？好啊，你等一下被罵就不要打電話給我！」

這種互動的結局很可能是：孩子下車後用力甩門離去，你帶著惡劣的心情繼續前往公司，進公司之前還得耗費一番力氣壓抑內在的怒火，強顏歡笑走進辦公室，整天都無法平靜或專注在工作上……。

這難道是你想要的結果？你是故意挑起親子之間的衝突嗎？相信都不是。那到底是怎麼了？我們都想趕快解決問題，為什麼到後來事情不但沒有解決，還得花更多力氣去穩定情緒、修復關係呢？

我在心理諮商中發現，許多親子衝突往往出現在大人想幫助孩子、為孩子伸出援手的時候。為什麼我們的好意，孩子經常接收不到呢？原因跟「急」有很大的關係，好比說：

- 覺得孩子是無知的，所以急著開啟說教模式，希望教會他某些事。
- 覺得孩子的想法是錯的，所以急著開啟批判模式，要他好好反省。
- 覺得孩子猶豫不決很浪費時間，所以急著逼孩子趕快行動。

- 傳達出「情緒是沒必要的，趕快解決問題才是重點」的態度。
- 覺得遇到問題應該趕緊解決、不要拖拖拉拉。

這些反應可以歸納出一個結論：你只看到「事情」，卻忽略了最重要的元素──「人」。

雖然你是基於善意想幫助孩子、為他解決問題；但是因為「急」，你的注意力會局限在「解決問題」，卻忽略了關照孩子的感受，也忘了彼此的關係很需要呵護。

慢慢來，為何反而比較快？

對於忙碌的現代人而言，無論是在職場或家庭，能用更少的時間完成一件事，就等於擁有更多時間去處理其他事情。如果可以的話，一次能夠同時處理更多事情是再好不過的了。

但是人類畢竟不是機器，不是你輸入某些指令，對方就能精準做出相對應的動作。所以我常常提醒大人：處理事情要重視效率，與人互動要重視效能。有時候我們為了求快，敷衍做出回應，引發的衝突反而需要耗費更多時間與精力去修復關係，甚至因此延宕了其他行程，而壞心情也干擾了你的工作效率，這樣子真的有比較快嗎？

「慢慢來，比較快」包含了兩個部分。首先是「慢」，慢是先產生細緻的理解，然後再帶著覺知去行動。

慢＝細緻的理解＋帶著覺知的行動

試著以各種觀點對事情產生全面性的理解、思考對方的需求、感受自己的情緒，接著再進一步思考行動策略：在過往的經驗中，哪些行動是有效的？哪些曾經帶來反效果？如何能讓下次的行動更有效？如此一來，你就不會像以前那樣自動化地做出慣性反應，而是在謹慎思考之後做出帶有覺知的回應。

再來是「快」，是指減少不必要的衝突，避免你在做了某些行為之後感到後悔、自責。

快＝減少衝突＋避免自責後悔、建立更好的關係

衝突是人際互動中免不了的現象，但降低不必要的衝突、減少行動之後引發的自責和後悔，可以讓你把力氣用來處理其他的事情。當你與孩子互動時的衝突與負面情緒減少了，關係的品質當然就會相對提升。

所以「慢慢來，比較快」的意思其實是：**經由理解做出充分覺察的行動，減少自責與後悔，避免不必要的衝突，進而提升關係的品質。**

因為慢，反而讓事情比較進行得更順暢。雖然行動本身看似需要花費比較多時間，卻可以讓你們的關係變得更好，也省下事後修復關係、自責或悔恨的力氣。

如何透過慢的行動，幫助你營造更好的親子關係品質呢？請放心，這正是本書要教會你的事情。

有品質的陪伴

為什麼專心陪伴、專心與孩子互動很重要？

維吉尼亞大學的凱薩琳．科羅爾（Kothleen M. Krol）等人在二〇一九年的《科學進展》（*Science Advances*）期刊中，發表了一篇關於母親行為與嬰兒催產素系統的研究。「催產素」是一種神經傳導激素，在我們的社交活動中扮演相當重要的角色，它幫助我們與他人（以及其他動物）建立聯繫，增強人與人之間的信任和親密關係。

研究人員安排母親與五個月大的嬰兒互動，然後觀察嬰兒催產素的濃度變化。研究發現，當母親與嬰兒相處時出現以下五種互動方式，嬰兒血液裡的催產素濃度不僅增加，且維持到嬰兒十八個月時，濃度依舊高於母親這些行為偏低的那些嬰兒。

• 母親與寶寶互動時說比較多的話。
• 母親與寶寶互動時身體距離是靠近的。
• 母親對於寶寶的需求有更高的回應與關注。
• 母親對寶寶的態度是正向且積極的。
• 母親撫摸寶寶的時間較長。

另一項有趣的研究則是將哺乳中的母親與嬰兒分成二組，其中一組母親在哺乳時一邊滑手機、追劇；另一組母親則是全神貫注在哺乳的行為，不僅眼神看著寶寶，同時也會輕輕哼歌給寶寶聽、撫摸寶寶。研究結果同樣也顯示，被母親全神貫注哺乳的寶寶，血液中催產素的濃度明顯高於另一組寶寶，更重要的是，他們的情緒表現也更溫和、更穩定。

我是國中、小學專任輔導教師的督導，也長時間培訓學校老師的輔導能力，我發現當老師做這幾件事情時，很快就能拉近與學生之間的距離：

• 說故事，尤其是分享自己成長與求學的故事（特別是挫折的經驗）。
• 專心聽學生說話，對學生內在的情緒表達同理，但不急著說道理。
• 陪伴學生討論、發想，逐步釐清他們的想法。

- 僅以提供參考的立場分享想法，而不是強迫對方接受。
- 坦承自己不知道的、做不到的事，並願意向學生請教。

這些行為蘊含著三個重要態度：

- 我願意和你在情緒與感受上有所交流。
- 我願意專心和你相處，想要更了解你。
- 我樂意分享想法，並且尊重你接受與否的意願。

你發現了嗎？這些行為看起來是「慢」的，但是當你與孩子建立起信任的關係、合作的默契之後，未來當你需要與他溝通、需要他配合某些事情時，都會是順暢且省力的。

有品質的陪伴並沒有包含討好、說教，也沒有急著幫對方解決問題。這意味著你不需要透過送禮物、說道理，也能跟孩子建立起正向的關係。**有品質的陪伴就是一次只做一件事，而這件事情就是把注意力全心放在你正在互動的對象身上。**

讓我們再次回到一開始的情境。意識到「上班可能會遲到」時，我知道你心裡肯定很焦慮。但即便如此，你依舊可以練習以不同的方式陪伴自己與孩子，讓這一段上班的路程變得更有品質。好比說：

- 提醒自己先緩和情緒，才能在車陣中將孩子平安送到學校、讓自己盡速抵達公司，避免發生不必要的意外。
- 停等紅燈時，你可以深呼吸幾次，稍稍放鬆僵硬的肩膀與握著方向盤的手指頭，同時思考待會進公司要依序完成的工作、會議上要報告的項目、要提供給主管或同事的資料。雖然你人還沒有到公司，卻已經逐漸進入工作的狀態。
- 既然必須在車上度過這一段時間，你可以與孩子輪流點播各自喜歡的歌曲，也可以陪孩子聊一聊最喜歡的早餐是什麼？最近認識了哪些朋友？喜歡晴天還是雨天？最近體育課在玩什麼？晚餐想吃什麼？
- 你也可以陪孩子聊一聊穿錯衣服的後果，如果被處罰但家人沒空幫他送衣服到校，那他可以如何因應呢？下次如何避免穿錯衣服呢？（言下之意是，你傳達了對他的關心，但不需要為他穿錯衣服的行為負責。）

像這樣，面對令人焦慮的上班路程，你可以選擇以慣性的生氣或指責來因應，也可以練習用不同於以往的方式來安頓自己、陪伴孩子。前者可能會讓你帶著怒氣、抱怨或自責來面對整天的工作；而後者則有機會讓你心情更快平復下來、妥善處理工作，並且期待下班後與孩子開心地相遇。

先理解情緒，再處理事情

不過，我並不是說完全不要幫孩子解決問題。在某些情境中，我們當然還是需要伸出援手。只要在幫忙的過程中多留意幾件事，就可以讓你的善意發揮正向的效果：

一、先安撫孩子的心情

慢慢來，比較快。情緒被理解、接納了，就會慢慢穩定下來。情緒穩定之後，注意力才更能專注在思考。關於穩定情緒的方法，你只要上網搜尋就能獲得許多資料。你可以多嘗試，找到你比較順手且實用的策略。在這裡提醒你幾個重要的原則：

- **允許孩子暫不回應**：當孩子情緒不穩定的時候，我們的提問可能會讓他更難穩定下來。
- **傳達陪伴的意願**：你不一定能幫他解決問題，但可以讓他知道你願意傾聽、陪伴他一起想想應對的策略。
- **給予等待的邀請**：讓孩子知道等他冷靜下來或想講的時候再來告訴你，讓他感受到你尊重他的步調與意願。

二、肯定孩子的努力

無論表現的結果如何，行為過程中所投入的努力，哪怕只是一點點，都是很珍貴的。**當一個人覺得自己的努力與付出被你看見，他知道你不只是以結果的好壞來評價他，就會覺得被你接納，認為與你相處是安心且放鬆的。**

三、鼓勵孩子表達

表達與傾聽是人們建立關係最重要的方式，沒有一個孩子不想擁有忠實的傾聽者。那些逐漸拒絕說話的孩子，有一大部分是因為長久累積的挫敗經驗：講了也沒有人會專心聽，總是不被理解，甚至被罵。因此，**如果你希望孩子願意對你多說一些，那麼你得先成為一個令人安心的傾聽者。**而你表現出來的好奇（但不是探問隱私的八卦態度）與專注，就是鼓勵孩子說話最好的方式。

慢慢地，陪伴孩子長出生命的厚度

在心理諮商的訓練中，我的師父經常提醒我：「**知識可以轉移，但經驗無法讓**

渡。」身為大人，你絕對比孩子擁有更豐富的知識與智慧，但生命中有很多事必須親身經歷後，才能獲得深刻而扎實的學習。好比說擇友、戀愛、選擇科系、學開車、投資理財……等等，無論看過多少相關書籍、聽過多少他人的經驗，都必須親自投入才能獲得深刻的學習。無論你有多麼豐富的人生經驗，都不要急著用來說服孩子。

請記得：一次只做一件事情。認真地聽孩子說話，不要急著說教或反駁；真誠地與孩子分享你的經驗，但不要試圖說服或改變他。

面對生命中重要的階段與挑戰，你可以成為孩子的陪伴者，陪他面對生命中的各種挑戰與學習。

從此刻開始練習

有品質的傾聽

唯有細緻的傾聽，才能理解對方的感受與需求，進而做出精確的回應。

如果你經常覺得自己很用心與孩子互動，效果卻總是不如預期，那麼這個練習將會大幅提升你的陪伴品質；如果過往你回應孩子的時候，經常在無意間讓他覺得受傷，造成誤會，那麼你更應該閱讀這一篇，你將從中學會傾聽的核心元素。

有品質的傾聽其實由兩個重要的階段構成：先穩定自己的情緒狀態，然後再專注地傾聽。

Step 1 穩定自己的情緒狀態

情緒處在極端亢奮或低落的狀態時，我們的專注力、判斷力與回應力都會受到影響。你無法專心聽進對方說的話，無法判斷對方當下的狀態，也難以恰當地表達你想傳遞的意思。種種因素疊加起來，會讓人覺得你沒有專心傾聽，也聽不懂對方想表達的意思，甚至說出讓人覺得倒胃口的話。

想要提供有品質的陪伴，你得先花一些時間讓自己的情緒穩定下來。在這裡，我們借助一種每個人天生都有的能力，不僅隨時隨地都能進行，同時也是最簡單的冷靜策略——**深呼吸**（但有些不同於你平常的呼吸方式）。

一、調整姿勢

你不需要盤腿靜坐（對於不習慣這種坐姿的人，有可能更不舒服），也不需要躺在舒適的躺椅上（很容易呼呼大睡），你只需要調整姿勢，保持讓自己**覺得舒服、又有些警覺的姿勢即可**。例如舒服地坐在你的辦公椅上，但將背部挺直；或站在原地但刻意抬頭挺胸；或躺在床上但記得睜開眼睛，將視線聚焦在兩公尺遠左右的某個靜態的點上。

這種既舒適卻又有些警覺的姿勢，是為了讓你既能夠放鬆，但又不至於因為太放鬆而注意力渙散、睡著。

二、專注呼吸

縱使已經有許多研究指出，當你吐氣的時間比吸氣來得長時，有助於副交感神經（負責讓你感到放鬆、冷靜的自律神經）的運作，不過在練習初期，我要教你的呼吸策略比這個還要簡單。你只要記得：**吸氣的時候留意自己正在吸氣，吐氣的時候留意**

自己正在吐氣，這樣就可以了。

「什麼？就這麼簡單？」

是的，這件事情真的很簡單吧！

既然這麼簡單為什麼還需要練習呢？因為當你開始做這個練習之後，就會發現這個練習其實還是有一些難度。困難的不是呼吸這個行為，而是要「持續專注」在呼吸上面。多數人只有前幾秒能專注，過不了多久思緒就不由自主地飄到其他事情上，想著想著，情緒又開始波動起來，注意力也跟著分散。

你可以從現在就開始練習：吸氣的時候刻意留意吸氣的感受，感受氣體從鼻腔流進身體，感覺到胸腔與腹腔的起伏；吐氣的時候刻意留意胸腔與腹腔的放鬆，感受到氣體從鼻子或嘴巴緩緩吐出去的感受。

剛開始練習，時間不用太長。每天選定三個時段，提醒自己各做一分鐘（好吧，如果真的很難，那各做三次就好）專注地深呼吸。長時間累積下來，一定能幫助你提升穩定情緒的能力。

三、留意身體的感受

除了深呼吸之外，還有一種方式同樣能幫助你跳脫停不下來的胡思亂想——留意身體的感受。

留意兩腳底踩在地板上的感覺；留意肩膀是放鬆或緊繃的；留意背部靠在椅背上的觸覺；留意吸進鼻腔的空氣溫度；留意心跳速度；留意屁股坐在椅子上的重量；留意吹過皮膚的微風；聽見空間裡的各種聲音；聞周圍的味道；觀察周圍各種東西……

當你刻意把注意力放在身體的感受時，不僅能提醒自己放鬆緊繃的部位，同時也找回原本被困在思考層次的注意力。

Step 2 專注傾聽

絕佳的回應，奠基於深入的傾聽。聽不懂對方想表達的意思，你就無法給出貼近對方的回應。

一、身體的傾聽

多數人都知道肢體語言對人際互動有不可小覷的影響力，但我們經常忘了覺察並調整自己的姿勢，好讓對方感到我們專注的態度。面對家裡或班上的孩子，我們更容易忽略此事。

試想：如果有一天你遭遇沮喪的事，想找人說說話，但對方斜躺在沙發上，兩腿直挺挺擱在茶几上，雙手交叉胸前……，你大概不會想對他說出什麼真心話。

可以的話，請暫時放下手邊的工作，轉身正對你的孩子，試著讓你們的視線維持在同樣高度。你可以蹲下身與兒童說話，也可以請對方和你一起坐下，或是讓你的屁股離開椅子，陪伴一個飽受驚嚇、僵在原地的孩子說說話。

無論坐著或站著，讓兩隻腳穩穩地踩在地板上，不要抖腳，也不要蹺二郎腿。坐下時，記得微微挺起你的胸膛，讓背部離開椅背，你的手可以輕放在大腿、小腹上；站立時，放鬆你的肩膀，讓兩隻手臂輕輕垂下。記得不要雙手交叉在胸前，那會讓人感覺到防衛或拒絕。

調整姿勢，不僅有助於你專心傾聽，也會讓對方更願意與你說話。

二、大腦的傾聽

簡單來說就是專心聽對方「說了什麼」。這點看似簡單，做起來卻有些難。因為即使你已經放下手邊的工作、專注在聽對方說話，腦袋也經常同時思考要如何說服對方、安慰對方。

還記得「一次只做一件事」的原則嗎？

你只需要專心聽，不用急著思考如何回應。當你能夠全神貫注地聽孩子說話，自然而然會對某些內容印象特別深刻，暫時讓這些內容儲存在你的腦袋裡，作為待會要回應或深入討論的素材，但不要急著發問。

不用擔心忘記細節。就算忘記了，大不了等待孩子把話說完了後，誠懇地再問一次就好。

三、情緒的傾聽

這是傾聽最困難、卻也是最能夠拉近距離、修復關係的關鍵。

當你在聽孩子講述某件事情的時候，不要急於探問細節、提供意見，而是先去感受：「他在經歷這件事情的時候，可能會有哪些心情？」

透過傾聽，能夠在理性層次理解對方遭遇的事情，也能從情感層次感受他可能會有的心情，這就是同理的過程。

好比說：

- 當孩子訴說他在學校被占便宜時，不要急著教他方法，而是試著去回應他難受的心情。
- 當孩子覺得被你誤解時，不需要急著解釋，也不要急著反駁他，試著先去回應他被誤解時的委屈、害怕或焦慮。
- 當青春期的孩子失戀時，先別急著告訴他「下一個會更好」，或者檢討他的行為，而是回應他的失落與悲傷。

- 當你的學生打架時，雖然教導他們正確的行為很重要，但請先試著感受一下他之所以動手的情緒和需求是什麼。
- 當一個孩子動不動就大哭時，請不要急著罵他懦弱，而是先回應他無法清楚表達需求的挫折感。

PART 2

理解
從表面深入核心

那些你看起來有問題的行為，

可能是孩子解決問題的策略；

那些讓你覺得被惹怒的行為，

可能是孩子向你求救的訊號。

看見問題，只能處理問題；

唯有穿越問題表面，探索內在的需求，

才能從根本真正幫助到孩子。

第6章

從內在失衡理解孩子的行為

我在演講的時候，經常會帶著父母親做一個活動。

我邀請每一位家長拿著紙筆，找現場的其他家長問一個問題：「你們家的孩子最容易惹怒你的一個行為是什麼？」每個人至少要訪問八位家長。

有些家長起初有些害羞、不知所措，但隨著活動進行，現場的氣氛通常會變得很熱烈（而且會很high）。為什麼呢？因為他們終於找到一群「共患難」的夥伴，有機會放鬆地一吐教養的苦水、也從彼此的回應中獲得支持與共鳴。

訪問完成後，我請他們從訪問到的答案當中，仔細選出「如果是你遇到，你也會覺得很頭痛、難以處理的行為」。接著我再邀請爸媽拿著自己圈出來的答案與前後左右的爸媽互相核對，結果發現，其實大家寫出來、圈出來的答案，都差不多是那幾項：說謊、頂嘴、懶惰、卸責、拒絕溝通……等等。

這個活動的主要目的之一，是為了讓父母理解孩子的問題有其**普遍性**，也就是大多數兒童與青少年可能都會表現出某些共同的行為，這些行為或許是發展過程中常見的現象。這也意味著：不是你的孩子有問題，也不是你的教養有問題。

既然這些行為是一種普遍現象，而不是個別問題，所以請你提醒自己：**處理孩子的問題行為時，把力氣放在理解與教育就好，不需要過度自責，也不需要對孩子貼上負面標籤。**

生氣的大人，往往也很挫折

「欸，你們班的阿宏上一節課中途『又』跑出去了！」

「我跟你說過幾百次了，你怎麼『又』跟老師頂嘴呢？」

「不是說好今天要自己起床，怎麼你『又』賴床了呢？」

這個「又」，真是讓大人傷透了腦筋。你能說的道理都說透了，不管是好好說、認真說、破口大罵，孩子的問題行為依舊層出不窮。

當你該說的都說了、能做的也都做了，孩子卻依舊重複著某些問題行為時，挫折感會讓我們感到生氣、無力，有時候這股情緒沒處理好，就會向內演變成責備自己，或者往外形成對伴侶、對孩子的指責。挫折越大，憤怒的力道也越大。

夜深人靜，當孩子與家人都已入睡、而你獨自輾轉難眠時，是否不斷問自己：

「到底是怎麼了？為什麼孩子就是講不聽？我還能做什麼？」

到底發生了什麼事，**何以孩子會不斷重複特定的行為呢？**

想要回答這個問題，我們可以先把注意力轉移到成人，也就是從我們自己身上開始覺察起。

在日常生活中，隨時隨地（包括有意識與無意識的時刻），我們不經意地做出一連串難以計數的行動。好比說上班時從口袋掏出手機滑個幾分鐘，隨手啜飲一口桌上的飲料，吃完一包放在鍵盤邊的洋芋片，在處理公事前先看一下網路社群的最新動態，對某個同事的言行翻白眼，然後又再次拿起手機……

通常你不會意識到自己在某些時刻竟然做了這麼多動作。那麼，什麼時候你會做出這些行為呢？

答案是：**當你覺得有需要、或者想要的時候**。

「什麼？就這樣？」你可能會以為這答案簡單到匪夷所思，但是請你仔細思考：人在什麼時候會覺得「有需求」？是否是在他**產生某些匱乏**的時候呢？

好比說無聊時，你會想要拿手機來打發時間，或者是吃一包餅乾作為消遣；有壓力的時候，你會透過分神瀏覽網頁或是滑手機來避免面對眼前的壓力；面對與你價值觀悖離的言論，你會想要離開現場、翻白眼或者反駁，來減少這些言論對你造成的不舒服。

而這些匱乏原本並不存在，是在某一個時間點、遇到某個事件之後才突然產生的。因此，這也意味著，原本沒有需求的狀態產生了某些需求，如果沒有滿足這些需求，你會覺得有些不舒服、不自在。

這種因為需求匱乏而引發的不舒服，就稱之為「失衡」。

內在失衡會引發不舒服的感受

相信你在日常生活中，或多或少都有過突然一腳踩空、或者做了從高處跌落的夢境而驚醒過來的經驗。這種突然失去平衡的感受，肯定令人很不舒服。

但是你知道嗎？人們不是只有在走路的時候會失衡，我們的生理與心理也會因為經歷某些事件而產生失衡。事實上「失衡」的現象在日常生活中，發生的頻率遠比我們想像的還要高。

比方說，常見的生理層次：飢餓會讓你逐漸變得暈眩無力；近視會讓原本清晰的視線變得模糊；肌肉扭傷會讓你難以維持原本行動的姿勢與平衡。在心理層次方面：工作量增加或薪水減少，會影響你對這份工作原本的感受；突發的意外事件可能會改變你對生命的觀點；遭到重要他人的背叛也會讓你重新定義對於人際關係的信任；而突如其來的加班則打亂了你週末與家人約定好的行程，讓你覺得生氣且失望。

從定義上來看，**身心失衡是因為遭遇某事件，改變了你原本覺得熟悉或習慣的事實、想法、感受、價值觀，進而引發身體或心理不舒服的感覺。**

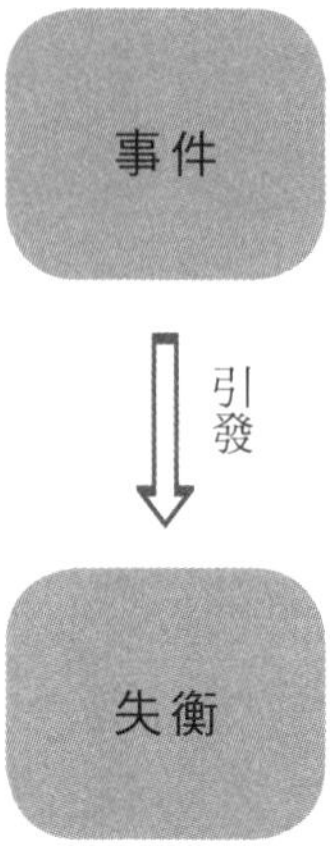

接下來，讓我們來看看，孩子的內在狀態有可能會出現哪些失衡狀態，進而引發負面的情緒。

當一個成績優異的孩子，學業成績逐漸被同學超越，他心中那個「我是父母心中最棒的小孩」的圖像會被打破，他將開始體會到這世界充滿競爭對手，有時就算用盡全力，也不一定能夠獲勝、被肯定。此時孩子的內心可能會感覺到挫折、無力、灰心喪志，甚至嫉妒他人。

一個從小備受家人寵愛的孩子在遊戲中被冷落時，原本心中「我是所有人的中心」的信念就被撼動了，他開始感覺到這個世界並不是以他為中心打轉，想要加入團體必須遵從團體的規則，不能全然堅持自己的喜好與想法。他可能會因而感到困惑、害怕，不知道如何重新成為他人關注的焦點。

當孩子發現自己缺乏某些別人擁有的東西，例如足夠的體力、健全的四肢、吸引人的外表，或者發現家中經濟不如班上同學時，很可能會引發「原來我比別人差」的想法，因而感到自卑、難過、怨天尤人。

雖然身為父母的你，已經竭盡所能地提供給孩子最舒服的居住環境與無微不至的照顧，即便如此，孩子在他的世界裡依舊會遭遇許多令他內在失衡的事件：

- 看著同學上台領獎，自己只能在台下鼓掌。
- 羨慕班上同學都有最新型的手機。
- 課堂上分組的時候總是被同學冷落。
- 生日的時候沒有同學願意幫忙慶祝。
- 覺得老師、爸媽無法理解他的想法。
- 覺得某方面的表現總是不如其他手足。
- 覺得父母只讚美別的孩子，自己卻總是被數落。

順道一提，面對「改變」這件事，人們之所以抗拒脫離「舒適圈」，正是因為踏出舒適圈就會讓自己產生失衡、不舒服的感覺，所以我們的腦袋雖然認同要保持學習新事物的觀念，內心卻會因為避免痛苦而抗拒改變，傾向沿用舊的行為模式生活。

用補償來緩和內在失衡

如果失衡讓人感覺不舒服，那麼想要消滅這種不舒服的感覺，最簡單的方式是什麼呢？沒錯，答案正如你所想：**重新恢復平衡**。

好比說面對飢餓，你可以吃一點東西來恢復體力；面對近視，你可以用力瞇眼睛，或者配一副眼鏡，讓原本模糊的視線重獲清晰；覺得疲憊時，你會小睡一覺或出門散步，讓自己恢復體力或好心情；面對體重機上超出預期的數字，你會調整飲食、增加運動，幫助自己恢復到期待的體重。

「恢復平衡」這個念頭不是只有大人才有，孩子也知道要這麼做。事實上，讓自己重新恢復平衡，幾乎是生物的本能反應。

為了緩解因失衡引發的不適感，孩子會採取某些行為來幫助自己重新回到平衡的狀態。**心理學將這種透過某些行動，讓身心重新回歸平衡的過程稱之為「補償」**。

接著，讓我們試著用補償的概念來理解孩子的行為。

許多父母親都曾經歷過一種現象：在第二個孩子出生之後，家裡那一個約莫三、四歲，原本乖巧又安靜的老大突然變得愛哭、吵鬧，並且對剛出生的小傢伙充滿敵意，甚至表示「想要把弟弟、妹妹丟進垃圾桶」。

對老大而言，新加入的手足搶走了眾人的目光，讓他覺得原本備受關注的地位岌岌可危，這種現象讓他主觀感覺在「被愛」這件事情上失去平衡，因此覺得失落與害怕。如果想要恢復原本的狀態，小朋友天真地認為只要讓這個競爭者消失就好了。

當孩子被同學欺負時，內心可能覺得很嘔、覺得不服氣，為了減少心裡的委屈，最直接的方式就是以牙還牙。一方面藉由反擊出氣，一方面也重拾自己「不好欺負」的形象。

當孩子看到別人擁有自己沒有的東西時，為了降低內心的羨慕或失落，可能會用各種方式來獲得同樣的東西（包括跟同學借來用用看、要求爸媽買、偷竊）。

當孩子覺得學業上不如他人時，為了降低自卑感，他可能會選擇努力念書，或者藉由作弊來取得更高的分數。

看到別人因為某些成就而獲得大家的肯定時，孩子也可能想要努力發展出某些專長，用以降低不如人的自卑感。

當孩子犯了錯，為了避免被處罰、被輕視，力爭上游、改過自新，或者是說謊掩蓋事實，就成為有效的策略。

面對那些好像會自動繁殖、怎麼寫都寫不完的作業（特別是罰寫），以及無論如何努力準備也一竅不通的考試，拖延或擺爛就成了減少挫折的不二法門。

至於那些總是被大人誤解、情感上不被支持的孩子，很可能會表現出沉默不語、拒絕與大人溝通的行為。因為每一次認真解釋卻又被誤解，會讓他們對「認真表達就會被理解」的信念失衡，並且慢慢在心裡建立起另一套「不要自我揭露，不要相信別人，就不會受傷」的信念。

外在事件	引發內在失衡	恢復內在平衡	補償：孩子採取的行為
弟弟妹妹出生	因為被忽略而感到失落	想要被愛、被關注	用力哭鬧，吸引大人注意。表現乖巧，獲得大人認同。想把弟弟妹妹丟掉。
被同學欺負	覺得委屈	減少委屈、獲得尊重	請大人協助處理。報復對方，變成別人不敢欺負的人。
看到同學有新手機	覺得羨慕、感到失落	降低自卑感與失落感	努力存錢購買。要求父母親買。偷竊。

功課輸給同學	覺得自卑、丟臉	獲得自我價值感	作弊獲得高分。努力讀書勝過對方。在其他領域獲得殊榮。
看到別人被讚美	覺得羨慕、感到自卑	獲得自我價值感與希望感	詆毀別人。努力在其他領域獲得成就。在同領域超越別人。
做錯事情	害怕被處罰、擔心讓父母失望、害怕被取笑	維持價值感、維護歸屬感	承認並小心避免再犯。嫁禍給他人。說謊掩蓋事實。
作業寫不完	覺得挫折、無力感	減少挫折、增加愉悅	隨便寫一寫。竄改聯絡簿，謊稱今日無作業。
被大人誤解	誠實表達反而還被責罵、誤會	保有價值感、自我保護	拒絕溝通。拒絕坦露內在真實想法與感受。

你的好意，為何對方聽不進去？

讓許多中、小學教師感到頭痛的事情之一，是當他們告知家長孩子有特殊狀況、提醒家長帶孩子去就醫時，時常引發家長很大的負面情緒，甚至是不友善的回應。

在親子互動中，爸媽溫和地提醒孩子做得不好的地方，孩子可能連話都還沒聽完就勃然大怒，或者急著否認。伴侶之間也有這種狀況，當我們小心翼翼地告訴對方期待他改變的地方時，對方可能會不開心，甚至產生口角。

在這些情境當中，雖然我們都是基於善意給出建議或提醒，但聽在對方的耳裡，卻可能因為內在失衡而引發負面情緒：

- 父母的失衡：原來我的孩子不是健康的，而是有狀況的。
- 孩子的失衡：原來我在爸媽的眼裡永遠都是不好的孩子。
- 伴侶的失衡：原來我怎麼做都無法讓對方滿意。

為了避免接收這些讓自己失衡的訊息，有些人會透過否認、抗拒，甚至用攻擊別人的方式來維持自己的平衡。然而並不是所有人都是如此，有些人在面對失衡時，反倒會採取積極、正向的作為來克服不舒服的感覺。

在我的諮商經驗中發現，當一個人面對失衡時，影響他決定採取改變或拒絕改變的因素有三個：

一、評估你們之間的關係

如果你跟對方的交情很好、是他信任的對象，當你提出建議或提醒時，對方接受的程度比較高。無論他會不會想調整，至少不會把你的話當耳邊風或反駁。當你與他的關係不佳、他也不信任你，無論你講得再有道理，對方都很難接受你的建議，有時候甚至會為反對而反對。

二、評估自己是否需要改變

當一個人覺得自己需要改變、希望自己可以更好時，比較能夠以正向的態度來面對失衡的狀態。好比說當他希望能夠擁有健康時，才會心甘情願地調整飲食、規律運動；當他希望自己有更好的課業表現時，才可能更主動地專心念書、自我規範。

三、評估自己是否有能力改變

縱使一個人覺得自己需要改變，但是當失衡的程度太劇烈、孩子覺得無論怎麼努力都不可能恢復平衡時，也可能會採取抗拒、否認的態度。例如不管他怎麼努力，永遠都得不到認同、事情都無法好轉，這種情況反而可能會造成孩子內在更大的失衡，他會覺得原來不管怎麼努力都沒有效，自己的確是一個能力很糟糕的人。這時候為了讓自己好過一點，孩子很可能拒絕接受任何來自他人的鼓勵、建議或提醒。

善加利用失衡&補償現象

失衡是人類生活中非常普遍的現象，而補償則是人類的天性。只是有些人使用的方式是被社會認可、利人利己的，有些人用的方式卻可能造成自己或他人的傷害。處理孩子的問題行為時，首要任務是理解什麼事情引發孩子內在失衡？他們希望透過這些方法為自己獲得什麼？並且引導孩子用適當的方式來恢復平衡。

閱讀完這一章，你會知道孩子的行為幾乎都是因為「失衡—補償」而起，也了解孩子在面對失衡時決定積極改變或消極沉淪的因素。

接下來，我們藉由孩子常見的現象：擺爛、放棄、無關緊要，來理解失衡與補償如何影響著孩子的態度與行動。

最後，請你跟著我複述一遍：失衡引發不舒服，補償讓人好過一些。

陪伴失去目標的孩子

「我們班的婷婷交給你輔導吧，我對她已經無話可說，也無計可施了。」導師說出這句話的時候，臉上的表情相當複雜。「這學生我帶了快三年，該鼓勵、想得到的好話我都說了，但我真的幫不了她。」

導師說，婷婷的成績一向名列前茅，但升上國三之後可能隨著難度提升，成績開始下滑。剛開始還可以感受到婷婷試著補救，但後來成績急遽下跌，她不但在班上吊車尾，甚至在課堂上聊天、發呆，就連給她補考的機會，也是草草寫一寫就趴在桌上睡覺。

「這次補考是還是為了她和幾個同學特地舉辦的！沒想到她不但隨便寫，當我提醒她的時候，她還跟我說：『我沒關係，你照顧其他同學就好。他們比較重要。』」

導師的語氣裡，有難掩的無奈與失望。

下一節課，婷婷準時來到我的諮商室。她的穿著乾淨整齊，臉上掛著一抹尚未褪去的睡意。我才自我介紹完、準備說明諮商的用意時，她就告訴我：「我無所謂啦，老師你不用特地輔導我。」

果不其然，婷婷的反應跟導師描述的差不多，也跟我先前遇到的某一群青少年相當類似。我常常把這群孩子的行為反應稱之為「無所謂症候群」。這類型的孩子並非能力不佳，但他們對於生活似乎失去了動力，對未來沒有希望感，對每一件事情都顯得無關緊要。無論你怎麼鼓勵、刺激、責罵，他總是一副淡定的樣子、不冷不熱地回應：「無所謂啦！」

面對這類型的孩子，該如何幫助他們呢？

「無所謂」其實裝載了滿滿的挫折

「無所謂」所隱含的訊息是：**這些事情我不在意，也覺得沒關係了**。因為不在意，所以不想再做任何嘗試、不想採取任何行動。

他們經常會拒絕別人的好意與鼓勵，越鼓勵他往前，他就越用力拗在原地與你對抗。這也是為什麼身為家長或老師的你，在面對「無所謂症候群」的孩子時，經常會覺得十八般武藝都用盡了，卻總是吃閉門羹，覺得無力，有時候甚至會忍不住對他們大發脾氣。

有時候，孩子甚至藉由證明你的策略都是錯誤的、無效的，來間接告訴你：「不要再管我了，這一切都是沒用的。」這會讓你以為他們是因為不信任你才拒絕你的幫忙，或者刻意把事情給搞砸。事實上，他們真正不信任的人是自己。你的鼓勵聽在他們的耳裡，就像要逼迫他們去面對更多的挑戰與挫折。

無所謂症候群的孩子缺乏行動的勇氣，他們拒絕冒險，因為他們每一次的嘗試與行動，都可能會重複經歷過去失敗的經驗。他們並不是一群沒有嘗試就退縮的膽小鬼，實在是過去的屢戰屢敗太辛苦了，讓他們對這種負面的感受變得敬謝不敏。

透視無所謂的真面目

無所謂症候群的孩子的行為模式像是：

- 對於逐漸下滑的課業成績呈現消極的態度；對於他人的建議與鼓勵採取被動配合或拒絕的姿態。
- 對生活中的大小事表現出刻意放棄的態度，他們會極力避免各種挑戰，甚至也逃避可能會成功的機會。
- 學校與家庭的日常生活出現各種拖延行為，導致進度落後、失約、錯失良機等現象。

「胡心理師，可是我們家的孩子不一樣。他是真的一副無關緊要的德行，根本沒有你提到的那種受傷或挫折的樣子。」

是的，我相信孩子呈現於外的樣子很可能是你所形容的那樣，不過，可別被孩子的樣子給「騙」了。與「無所謂」這三個字一樣，他們表現於外的鎮定與率性，也都不是發自內心的。

沒有人不希望自己能夠過得好，除非他無論怎麼努力都辦不到。

如果已經努力了卻還是無法達到他人或自己的期待，內心難免會有自我懷疑、挫折，甚至羞愧，這時候如果還在別人（尤其是父母或師長）面前表現出脆弱的樣子，會不會又換來一頓責罵、嘲諷？或者，是不是又要被提醒「再努力一點」？

「那應該很丟臉、很麻煩吧？」為了避免這種尷尬的情境發生，最好的方式就是假裝自己一點都不在意。無所謂的孩子心裡經常是這樣想的。

藉由放棄努力來避免挫折

讓我們將婷婷的案例放進「失衡與補償」的脈絡來討論，深化對她的理解。

由於課業份量增加、難度提升，婷婷在學習方面逐漸落後進度、成績下滑，這件事情讓婷婷的內在產生失衡，包括對成績退步的焦慮，排名落後他人的自卑，以及被父母責備的委屈。

為了緩和內在的失衡，婷婷也曾經採取過積極的方式：認真聽課、努力解題。由於努力了一段時間始終不見成效，加上過程中重複失敗累積的大量挫折感，為了讓自己好過一些，後來她選擇了另一種策略：藉由「迴避覺得困難的任務」與「不要太努力準備就不算是真的失敗」來減輕內在失衡引發的不舒服。

這種「不要努力就不算真的失敗」是許多高中生與大學生常見的心態。如果努力念書還被當掉、落榜，就代表自己的能力不好。但如果考試成績不理想是因為「沒有認真念書」，就不需要將失敗歸咎於個人能力不佳，純粹只是不夠努力而已。

我們來整理出婷婷在課業上經歷的事件與心理歷程的變化。

一、外在事件：功課難度提升、作業量增加，導致課業退步。因課業退步被父母責罵。

二、引發內在失衡：覺得丟臉、自卑、委屈、無力感。

三、補償：想要減少自卑感、維持自我價值

四、正向行動：起初婷婷選擇更認真聽課、努力解題。

五、結果：不幸的是，努力並沒有幫助婷婷扭轉窘境，且努力後的失敗讓內在的失衡更加嚴重。

六、負向行動：上課睡覺、考卷隨便寫、拒絕繼續補習、拒絕認真讀書。

七、結果：被大人責備，不過就算考好也會被罵，所以沒什麼差別。可以維持自我價值。不是能力不好才考差，純粹是因為沒有認真讀書。

成為受挫孩子的盟友

受挫的孩子就像負傷的士兵，身為盟友的你，當務之急不是推著他們趕緊上戰場，而是先待在他身邊，陪他一起面對這個讓他受傷的環境，慢慢療傷。

我知道，當孩子說出「無所謂」這三個字時，聽在你的耳裡肯定又心急、又難過，但那其實是他用來保護自己免於繼續受傷的防護罩，而不是用來傷害你的武器。千萬別讓這三個字擊敗了你，因為，孩子也正在被這三個字折磨著。每一次當他故作輕鬆地說「沒關係」時，也同時在批評自己「真是一個沒用的人」。

身為大人的你必須耐住性子，才有機會陪伴孩子度過這道關卡。

這道圍牆雖然保護了他，卻也讓他被囚禁在受限的範圍裡，難以跨出冒險的腳步。看在你的眼裡會覺得惋惜，但對一個受傷的孩子而言，只要能夠不讓自己繼續受挫，哪怕是要用身上僅存的一絲力量來交換，也在所不惜。

想要幫助這個孩子，請不要急著拆掉他的圍牆，不要禁止他說無所謂這三個字。

當然，我們的目標是要帶著孩子跨越這道困住他的牆，不過，不是要用力推他推出去，或逼跳牆。**我們的目標是讓他不再害怕靠近這堵牆，重新長出能跨越圍牆的策略與勇氣。**

與孩子的挫折感對話

你可以坐在孩子的身旁，一起聊聊讓他感到挫折的事情是什麼、他在受挫的過程中經驗到什麼。**請記得「一次做一件事」的原則：聊天的重點是理解，而不是急著要改變孩子的想法。**

接下來，我示範一段與婷婷對話的歷程：

「我聽到你說，你覺得無所謂了，對嗎？」我問婷婷。

婷婷看了我一眼，沒有回應。

「我很好奇，這個『無所謂』從什麼時候出現在你的生活當中？」

「什麼？」婷婷有些困惑。我猜，她大概覺得很奇怪，因為從來沒有人會去討論這個「無所謂」是什麼。

「我聽老師說，你不是一開始就會說『無所謂』，好像是國三才開始。你有印象這個『無所謂』，是什麼時候開始找上你的嗎？」

「大概是……就像導師說的，國三吧？」

「哦……然後它**就像是你的好朋友**，經常出現在你的生活中。」

婷婷露出有些尷尬的微笑。

「它是在什麼事件之後冒出來的呢？」

「我覺得應該是上學期吧。」

「上學期就突然冒出來了。」

「其實也不是突然冒出來，好像之前斷斷續續就有出現，只是上學期開始變得比較明顯。」

「每次當這個『無所謂』出現的時候，**如果它會說話，它都對你說什麼呢？**」

「它就說……沒關係啊，這樣就好了，不要太認真。」

「不要太認真，哦……**所以你以前好像滿認真的**，認真到連這個『無所謂』都看不下去了。」

婷婷低下頭，臉上的微笑不見了。

「剛剛我提到你以前很認真，**你好像想到了什麼，可以告訴我嗎？**」

「以前算是認真吧。就是會很用功念書、去補習班上課。」

「原來你說的認真是指在功課方面的認真啊？」

「嗯……」

「想起以前那個在課業上很認真的自己，你有什麼想法呢？」

「我覺得很白痴，也很浪費生命。」

「好像那些年的認真，反而讓自己受委屈了？」

「考得好也沒用啊，只要不是滿分就會被罵；考得不好就不用講了，說什麼讓我去補習是浪費錢。」婷婷語氣加重了一些。

「爸爸媽媽的回應，好像讓你有些受傷？」

「還好啦，反正他們也不覺得我重要。他們眼中只有考試成績重要而已。我也希望讓他們有面子啊，問題是功課真的太難了，每天都有寫不完的作業。還沒讀完就要考試，才剛考完又要教新的進度……」

「雖然壓力很大，你還是努力撐了一段時間，是嗎？」

「後來就撐不下去了，我就說，那乾脆不要再補了，不要補就不會浪費掉他們寶貴的錢。」

「哇，你這句話一出口，肯定被罵慘。」

「靠，你怎麼知道？」

「拜託，你只要面對兩個家長，我每天都要面對不同的家長耶。」

我們兩個相視而笑。

「反正都會被罵，乾脆不要太認真念書、不要太認真聽他們說的話，心情反而比較好。」

「有時候認真準備卻考不好，然後又被罵，**應該更難受吧？**」

「本來就是啊。」

這一段對話的步調，對於想要趕快提升孩子念書動力的你而言，是不是覺得有點慢呢？可是在與兒童和青少年對話時，有時候像這樣放慢腳步是有必要的。

我沒有責備婷婷的態度，也沒有急著要她拋棄「無所謂」，這麼做並不是覺得念書不重要，也不是因為要扮白臉，而是因為這些事情已經有很多人對她做過了，這些策略如果能夠奏效，她也不會被老師轉介到我這邊來。

在這一段對話中，我選擇先用放大鏡細細觀看這個「無所謂」，進而發現無所謂的背後裝載了滿滿的挫折感。

陪伴孩子時，你可以這樣提問

我在與婷婷的對話中應用了幾個重要的句子：

- 「『無所謂』什麼時候出現在你的生活中？」：暗示這個態度是因為某些事件而起，而不是婷婷的本性。我將「問題」與「孩子」兩者分離，減少孩子內在的無力感。
- 「它就像是你的好朋友。」：孩子因為這個無所謂已經遭受過許多指責，在這裡，我暗示著無所謂其實也為孩子帶來一些好處，所以才叫做好朋友。避免孩子覺得被貶低。
- 「如果它會說話，它都對你說什麼？」「你好像想到了什麼，可以告訴我嗎？」：鼓勵孩子思考、並且練習為自己發聲，讓內在的想法或感受有機會被聽見。提供孩子被接納、被理解的經驗。
- 「所以你以前好像滿認真的。」：無論孩子現在是否認真，至少他曾經認真過，也代表孩子具備認真的態度。透過這句話，我向孩子傳達「你曾經認真過，你是有能力認真的」的相信，藉以提升孩子的能力感。
- 「你的心情怎麼樣呢？」「反而讓自己受委屈了。」「應該更難受吧？」：聚焦在情緒層次，提供孩子被同理的經驗。

幫孩子找回行動力，先從療傷開始

婷婷表現於外的行為，是在課堂上睡覺、學習態度消極懶散、拒絕補習，這些行為導致她的成績持續下滑，也讓關心她的導師與爸媽相當不能諒解。這些描述都沒有錯，但也都只能反映出她的表面行為，卻無助於療癒她內在的挫敗感，也無法提升她想要持續前進的動力。

看到這裡你應該可以清楚了解，很多時候大人看到的「擺爛」，其實只是孩子用來維護自我價值的方式。每一個你要她更努力、更進步的提醒，都像是要把她再次推進挫折裡。

想要幫助這類型的孩子，先別急著「要孩子趕快抵達目標」，而是**陪伴孩子釐清「無所謂」背後的故事，理解他在前往目標的過程中遇到了哪些困難。先照顧孩子受傷的情緒感受，才可能幫助他們長出重新冒險的勇氣。**

第7章

ATM行為分析法

接下來，我要介紹一套理解孩子行為的技術——「ATM行為分析法」。這是我從多年工作經驗中整理出來的架構，也是我在理解來談者時最常使用的方法之一。

提到ATM三個字，我知道你一定很熟悉如何從ATM提款機領鈔票，但學會這套分析方法，在幫助你深入理解孩子行為這件事情上，更是價值連城。最重要的是，這套行為分析法並不局限在兒童或青少年，也可以用來解讀各個年齡層的行為。

為了方便閱讀與理解，我盡可能將理論簡單陳述，並且說明具體的操作策略，讓你在閱讀之後能夠實際運用在了解孩子的行為上。

請想像一下：身為大人的你觀察到孩子要出門時，通常會問什麼問題？第一個直覺脫口而出的問題，大概就是「你要去哪裡？」對吧？

接下來，當孩子說出他要去的地方之後，你有很高的機率會追問下一個問題：「為什麼要去那裡？」是嗎？

如果你經常與孩子出現這種互動，那麼恭喜你，你已經掌握這套技術的主要結構：觀察行為、確認目標、探索動機。

ATM行為分析法著重的就是這三個步驟，依序為：一、**觀察孩子表現出哪些行動**（action）；二、**理解這些行動想要達到的目標**（target）；三、**探索孩子之所以想達到這些目標的背後動機**（motivation）是什麼。

觀察行動（A）：看見孩子的行為

想要解讀孩子的行為，**你得先觀察到孩子表現出哪些行為**。

別以為這件事情很簡單，每當我與家長和老師確認孩子對某件事情的反應時，就常遇到他們聳聳肩說：「沒有啊，孩子沒有什麼反應。」「不知道，我沒注意到。」「什麼特別的行為？行為不是都一樣嗎？」會這麼說，代表我們對孩子的觀察還不夠仔細。

在這裡我提供幾個觀察的訣竅，提升你對孩子的觀察力。

看得見與看不見的，都很重要

「看得見的行為」是指那些偏向外顯、輕易就能觀察到的舉動，例如打架、罵髒話、偷竊、打掃家裡、寫作業。而「看不見的行為」不是指孩子躲起來、暗地裡從事的行為，而是與外顯行為相較之下，比較不容易被觀察到的內隱行為，通常偏向靜態且動作較微小。兩者的差異可以參考表格：

情境	看得見的行為	看不見的行為
生氣時	打人、罵人、破壞東西	生悶氣、壓抑情緒
緊張時	逃離現場、語無倫次	沉默、身體僵直
開心時	手舞足蹈、哼歌、大聲說話、開懷大笑	不動聲色、沒有明顯表情
看到想要的東西	存錢買、要求父母買、偷竊、向朋友借來用	忍耐、不說出來
緊張或焦慮時	破壞東西、攻擊、咬指甲、不去學校、說出情緒	做惡夢、失眠、討厭自己

我在這裡刻意將行為區分為看得見與看不見的兩大類，目的是要提醒你：不是只**有明顯的或激烈的行為才值得被注意，許多隱微的舉止也很需要被關注，因為孩子經常藉由這些看不見的行為向我們傳遞豐富的訊息。**

因此，某些在定義上較為模糊的行為（好比說肚子痛、偷捏弟妹一下）到底是要歸類在看得見的行為還是看不見的行為，這就不是重點了。你不需要把力氣花在將某個行為歸類到某一個類別，你只需要在觀察孩子的行為時提醒自己：看得見的與看不見的，都很重要。

需要留意觀察的情境

行為與情緒一樣，是無時無刻都存在的現象，你只能說當下的情緒很平穩，但不能說當下沒有任何情緒；同樣地，沒有人能說自己當下沒有任何行為，只能說你可能正在睡覺、放空，或者行為微小到連自己都沒有覺察到。

當你無法觀察到孩子有特別的行為時，一方面是因為你主觀認為某些行為很普通、理所當然，不需要特別留意；另一種原因是，你不知道該特別留意哪些面向，所以觀察不到孩子當下正在做什麼。

如果一時之間想不到可以在哪些情境下觀察孩子，你可以這樣思考：「大多數的人遇到哪些事情時，會有明顯的開心／生氣／難過／害怕／緊張……等情緒？」然後挑選出這些情境，練習觀察你的孩子（或某個學生）在這些情境中的反應。

在這裡我舉出一些情境，為你示範可以觀察孩子行為的面向：

情境	你可以觀察孩子是否有這些行為反應
遇到挫折時	生氣、放棄、反思、再次嘗試、自責、歸咎他人……
進入陌生環境時	退縮、躲起來、被動、主動與人互動、沉默、哭泣、好奇……
面對衝突時	退縮、攻擊、打岔、害怕、無法判斷狀況、愣住……
面對新事物時	拒絕嘗試、自我否定、好奇、期待、謀定而後動、躍躍欲試……
參與團體活動時	與他人合作、獨來獨往、能夠表達想法、順從他人、關心他人、只在乎自己、能夠排隊、無法等待……

邀請你也花一點時間，完成以下兩則隨堂練習。

隨堂練習一：在生活中，你觀察到有哪些情境容易讓人（或自己）有明顯的情緒反應？請列出五至十個情境：

情境**1.**	情境**2.**
情境**3.**	情境**4.**
情境**5.**	情境**6.**

情境7.	情境8.
情境9.	情境10.

隨堂練習二：在這些情境中，你覺得可以觀察到孩子哪些反應呢？

情境	你覺得可以觀察孩子的行為反應是……？
被稱讚的時候	
被誤解的時候	
遇到困難的時候	
孤立無援的時候	

確認目標（T）：透過這個行為，孩子想要到達哪裡？

談到「目標」，許多人第一時間想到的可能是理財、升學或找工作，是一連串重要而複雜的規劃。事實上目標可大可小，而且人類的每一個行為都是為了朝向某一個目標前進。

行為是為了獲得主觀的好處

俗話說：「殺頭生意有人搶，賠本生意沒人做。」從事心理諮商多年，我深刻體驗到人類的每一個行為，幾乎都是為了獲得某個主觀對自己有利的好處。而這個主觀的好處，就是個人想要達到的目標。

請特別留意「主觀」這個概念。主觀強調的是個人的觀點與感受，而不是多數人所認同的客觀概念，例如：

- 你認為大吃大喝會傷害健康，但我可以用來打發無聊的時間。
- 你認為不寫作業會被老師罵，但我覺得能擁有更多時間玩耍。
- 你認為打架是不對的行為，但我能夠有效阻止朋友繼續嘲笑我。
- 你認為談戀愛浪費時間，但我覺得被喜歡是美好的事，會覺得自己有價值。
- 你認為自願當班長很傻，我卻能感受到被別人需要，覺得自己有能力。

在這些情境中，前者就是大人認為的客觀好處，後者則是孩子內在世界追求的主觀好處。我相信，絕大多數的客觀好處都是基於大人的善意，但唯有能夠理解孩子想要追求的主觀好處，才有機會走進他的內心、架起溝通橋梁。

目標具有強大的引導性

阿弗雷德．阿德勒（Alfred Adler）說：「每個行動都有一個目標，使得整個心靈生活統整為一個完整的個體。結果心靈活動的每一個部分，都包含朝向這個目標所做的努力。」[6]

人類的行為具有高度整體性，一旦孩子設定了某個目標，他的行為、態度、觀點都將調整為與此目標方向一致。

假如一個孩子從小立定志向要懸壺濟世，那麼成為醫生就是他生涯的「目標」，而他所採取的「行為」，就是所有能夠幫助自己往這個職業邁進的方式，包括：認真讀書取得好成績；藉由諮詢或閱讀深入了解醫生的專業生態；透由擔任醫療志工來提升對醫療系統的認識。

假使一個孩子看到同學被讚美時，他可能期待自己也能「成為他人眼中受矚目的對象」。要達到這個目標的方式有很多種，像是努力獲得好成績；在班級爭取擔任幹部的機會；做好分內的打掃工作；成為朋友眼中熱心助人的同學；在家裡得到父母親的肯定。這些方式可能就是孩子展現於外的行為。

又好比說，一對夫妻經過多年的努力，終於如願以償懷了孩子，卻在孩子出生後才發現有些先天缺陷。父母在愧疚與難過之餘，決心「不再讓這孩子受任何的苦」，一旦設定這個目標，他們的行為可能是用盡全力提供孩子優渥的生活環境，避免讓孩子面對任何挑戰或風險，或者盡可能滿足孩子所有的要求。

如果你長時間觀察一個人的言行舉止、生活方式，往往會發現許多表面看似不相干的行為，實際上都導向某一個相同的目標。這也是許多心理師工作的重點之一：藉由大量的觀察整理，歸納出個人的行為模式，進而了解他所追求的目標。

因此，行為與目標二者實際上是雙向的關係：**孩子的行為是為了達到某個目標，而目標也會引導孩子表現出某些行為。**

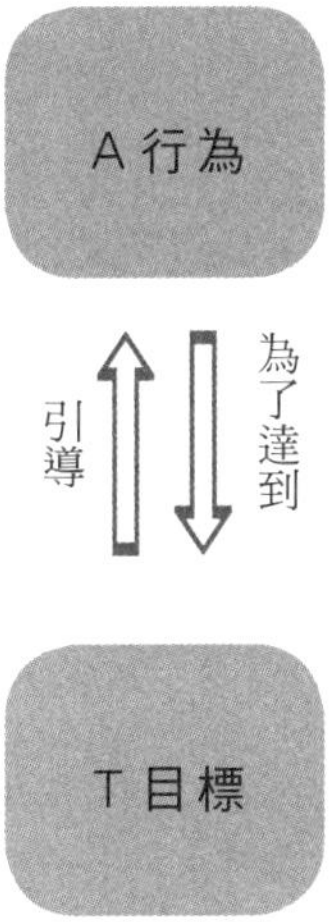

不當的行為，往往是因「挫折」而起

不是每一個孩子都有足夠的策略或能力幫助自己成功抵達理想的目標，所以在面對成長過程中的大大小小挑戰，孩子無可避免會經歷來自各方面的挫敗。眼看目標就

6 引自《從個體到群體：古典阿德勒學派深層心理治療入門》（*Theory & Practice: A Socratic Approach to Democratic Living*），亨利・史丹（Henry T. Stein）著。

在前方，但所有嘗試過的方式與努力都難以奏效，此時孩子可能轉而採取另一種途徑——大人眼中的問題行為：

- 既然各項成績不是我的強項，偷東西至少可以成功吸引大家的目光。
- 真實的自己並不可愛，說謊才能維持在別人心中的好形象。
- 在學校只會被罵、被笑，去外面閒晃或去網咖打電動還比較快樂。
- 用講的你們都不會尊重我，動拳頭你們總會怕我了吧！

在這些例子中，前者是孩子面臨到的挫折情境，後者則是他們因應挫折所發展出來的另一種策略。

很多時候，孩子可能也不清楚自己到底想要什麼。他們只是感受到一股隱隱的驅力，然後直覺做出某些行為。你問他們為什麼要這麼做，他們的回應往往是搖頭或聳肩：「不知道。」

傳統的處罰或讚美無助於提升孩子的自我了解。花點時間陪伴孩子討論、釐清他們的期待與需求，不僅可以幫助孩子探索自己內在想要的目標，也能幫助他們反思行為的適當性。

引導孩子釐清目標時，你可以這樣做：

一、**從「趨吉&避凶」的角度切入思考**

- 孩子這麼做，希望可以獲得什麼好處？
- 孩子這麼做，希望誰會開心／安心？
- 孩子這麼做，希望避免被誰處罰／嘲笑／遺棄？

二、**溫和地說出猜測：客觀且具體的觀察＋你猜測的目標**

- 「我發現你從剛剛到現在一直跟在我旁邊，你想要我陪你聊天嗎？」
- 「老師說你考試時看別人的答案，你想獲得好成績嗎？還是你擔心考壞了會被處罰呢？」
- 「我發現你幾次打架，是因為他們笑你的家人。你是希望他們停止嘲笑的行為嗎？」

探索動機（M）：想要達到此目標的動機是什麼？

簡・尼爾森博士（Dr. Jane Nelsen）在《溫和且堅定的正向教養》（*Positive Discipline*）書中提到：「當我們不了解行為背後的目標與動機，就只能針對表面的行為做回應。因此在教養中，我們真正要努力的，是去理解，並且幫助孩子移除行為背後不當的動機。」

閱讀至此，相信你已經理解「掌握了孩子設定的目標，大致上就能理解他們為何會表現出某些行為」。但光是這樣還不夠，我們還要再進一步釐清：「為何孩子要追求這些目標？」也就是：**這些目標對於孩子究竟有什麼重要性？孩子願意為了達到這些目標努力不懈的「動機」又是什麼？**

動機是讓人願意努力的核心因素

有時候大人為了遏止孩子的問題行為，會試圖說服孩子「他設定的目標是不對的、不重要的」。以前述的問題行為為例，大人可能會告訴孩子：

- 成績不好沒有關係，只要你乖乖的大家還是會喜歡你啊。
- 別人喜不喜歡你都沒有關係，誠實才是最重要的。
- 上課聽不懂、無聊沒關係，你就安靜地坐在教室就好。
- 同學欺負你，你為什麼要還手呢？去跟老師講就好了啊。

在教養上，這種說法通常是徒勞無功的。為什麼呢？因為這只是大人單方面向孩子灌輸自己的價值觀，卻無法停止孩子的問題行為。大人口中的「沒關係」，在孩子的主觀世界裡往往「很有關係」。也就是在目標底下，有著驅動孩子前往特定目標的動機，而這個動機正是推動行為最重要的核心因素。

從定義上來看，**動機就是推動孩子朝向某個目標，希望可以滿足某些需求的內在力量。**

再以前述的例子來說明。

當一個孩子立志成為醫生（目標）之後，可能會努力往這個方向邁進（行為）。他為了成為醫生而放棄玩樂、努力念書，背後的動機很可能是想要幫助生病的人、想要獲得好的社經地位、想讓父母親覺得有面子，也可能是因為家人曾經因錯失醫療的機會而喪生，孩子不希望這世上還有人承受這種遺憾，因而想成為拯救世人的醫生。

當一個孩子為了成為眾所矚目的對象（目標）而費盡心思做某些事（行動），背後的動機可能包括：希望被喜歡或被讚賞、希望覺得自己是很吸引人的、希望身邊可以有很多朋友等等。

當一對父母竭盡所能地用各種方式（行為）照顧好這個孩子（目標）時，背後的動機可能是：彌補對孩子的愧疚、避免孩子在成長過程中受傷、確保孩子能在最舒適或最安全的環境中成長。

值得注意的是，當**個人內在的動機越清楚、越強烈時，他所表現於外的行為與態度很可能更堅持、更難以撼動**，以確保能夠邁向心目中理想的目標。

因此你就不難理解，當一個孩子正準備好要突破卡了好幾天的電動關卡（目標）、想要成為全班同學崇拜的對象（動機）時，你突然把他的電腦或電視的插頭拔掉，他的反應（行為）為何會如此激烈了。

這也是為何許多人為自己設定了大大小小的目標，像是減肥、學英文、考取某張證照、規律運動，卻從來沒有表現出相對應的行動或無法持之以恆，答案就是：**缺乏足夠的動機**。

ATM的重點整理

一、行為是為了達到目標的手段

在法律與社會規範下，行為本身有是非對錯之分，行為有時明顯，有時隱微。糾正孩子錯誤行為很重要，但我們更需要深入理解孩子行為背後的目標到底是什麼。

二、目標負責導引行為的方向

目標是孩子為自己設定要前往的目的地，這經常是一種願望、理想、志向。目標對孩子而言有兩個重要的功能：獲得好處、避免壞處。由於人類的行為有高度整體性，因此一旦目標設定好，所有行為都會朝著這個目標前進。目標的設定有時會不合現實，或者超越孩子本身的能力，當孩子在追求目標的過程中累積太多挫折經驗後，很可能會轉而採取問題行為來抵達目標。

三、動機是推動行為的核心因素

動機可以用來解釋孩子為何如此努力地想要達到某個目標。動機越強烈，孩子的態度與行動也可能越難被撼動。動機隱含著孩子的核心需求，例如：被喜歡、被崇拜、被關愛、確保自己的權利等等。在本書的第三部分將會詳細說明孩子的需求，以及協助孩子滿足需求的策略。

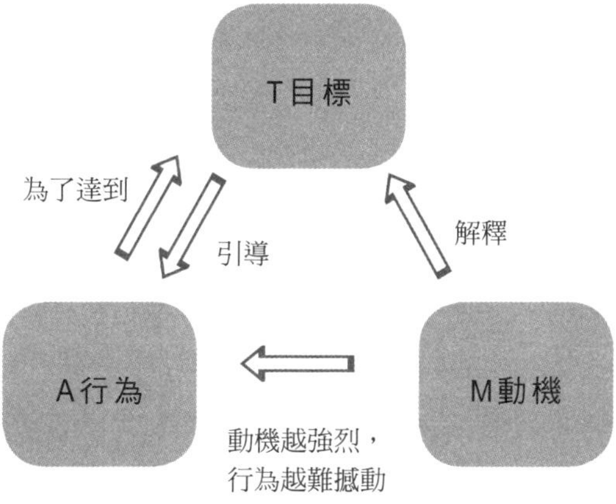

▲行為、目標、動機三者的關係

在下一章，我將透過孩子經常出現的行為，帶領你持續練習將ATM行為分析法實際運用在理解孩子的內在世界。

在本章結束之前，請你跟著我唸一遍：**看見問題，只能處理問題；掌握動機，才能提供孩子最根本的協助。**

陪伴孩子學會愛自己

「五年乙班郭小琪同學請上台領獎，其他小朋友請鼓掌。」小琪小跑步上台，在眾人的掌聲中，畢恭畢敬地從校長手中接過她小學生涯的第四張模範生獎狀。

同一個小朋友在五年內四度獲選模範生，不是因為這間學校人數稀少，而是因為老師們、同學們都樂於把票投給這位模範生的不二人選。為什麼呢？

我很好，你們別擔心

在學校，除了每次段考都獲得接近滿分的優異成績之外，小琪在學校也擁有相當好的人緣。她會主動把文具借給需要的同學、把精美的課堂筆記與同學分享、在同學生日時送上親手做的小卡片，在點心不夠的時候主動把自己的那一份讓給其他。就連打掃的小朋友偷懶，她也主動幫對方把該區域打掃乾淨。她自願擔任不受歡迎的環保股長、總務股長，在每一節上課之前，主動去幫老師拿教材。

在家裡，她鮮少向父母親提出要求，逛街的時候不太像其他小朋友吵著要買東西。父母親其實對小琪很好，有時候也會特別問小琪想吃什麼？但她總是笑笑地說：「我都可以，你們方便買的就好。」父母吵架的時候，她會把弟弟帶回房間，安靜地待在書房裡聽音樂或上網。

小琪各方面表現都很好，但臉上的笑容卻越來越少。直到小琪生日那一天。

那天是一如往常的日子，直到放學前一刻，才有同學突然想起：「咦？今天好像是小琪生日耶……」話一出口，全班同學都愣住了，顯然沒有人記得這件事，當然也沒有班上常見的生日驚喜橋段。同學們草草地合唱生日快樂歌，然後就各自放學了。

「小琪，班上同學忘了這件事情，你會不會有些難過呢？」心思細膩的導師關心小琪。

「我很好呀，沒有難過。」小琪露出招牌的笑容。

導師的觀察倒是很敏銳，他注意到小琪臉上閃過片刻的失落。看著這一幕，導師心裡浮現了大大的問號：「如此為他人著想的孩子，她內心真正的想法或需求是什麼呢？」

把自己愛回來

接下來，我示範一段與小琪的對話。

「小琪你好，我是展詰心理師。」

「老師好。」在舒服的沙發上，小琪依舊坐得直挺挺。雖然有禮貌地回應，但仍難掩緊張的神情。

我經常把小琪這類型的孩子歸類成「壓抑型」的孩子，「順從」是他們最大的特色。即便他們不清楚為何被要求來諮商，卻還是相當配合。簡單的自我介紹以後，我就進入與她談話的主題。

「前幾天是你的生日呀？」

「對啊。」

「聽導師說，放學的時候同學才發現這件事情，也忘了幫你準備禮物，很擔心你會覺得失望……。」我說明。

「不會呀！又沒有關係。」小琪露出開朗的笑容，輕鬆愜意的口吻，讓我瞬間懷疑會不會根本是導師太神經質、小題大作。

與這類型的孩子互動，挑戰之一就是即使你表達善意，也不見得能讓他們坦然地表達內在的負面感受。就算你已經發現他們內在的情緒，他仍可能不輕易鬆口。這時候，就需要藉由一些策略來引導他們覺察自己的感受。

「如果可以，**你希望生日那一天，同學為你做什麼呢？**」

「不知道，應該沒有吧。」小琪想都沒想就回應我。

「好像沒有想過，對嗎？」

小琪點點頭。

「好，那我問你哦，如果有班上有一個小朋友都會替其他同學著想，主動幫別人的忙，會關心別人，甚至還會記住別人的生日，送上親手做的小卡片。**你會不會想跟這個同學當好朋友？**」我問。

「會呀，會想。」小琪再次點點頭。

「那麼，**當這個好朋友過生日的時候，你會想為她做什麼呢？**」

「我也會送她卡片、做小蛋糕，然後唱生日快樂歌。」

「哇！你也太厲害了吧，連蛋糕都會做。」我露出驚訝的表情。

「因為之前媽媽有教我烤小蛋糕。」小琪有些不好意思。

「那，**如果你生日的時候有同學為你做這些事，你的心情會是什麼呢？**」

「應該會滿開心的。」小琪幾乎沒有思考就回應。

「謝謝你跟我分享你的心情。」我說：「可是如果有一天，所有的小朋友都忘了這個好朋友的生日，**你猜，這個小朋友的心情會怎麼樣呢？**」

「會覺得難過，畢竟一年才過一次生日呀……」這次小琪回答的速度放慢了。

「我同意你說的，如果朋友或家人忘記我的生日，我也會覺得難過。小琪，**如果是你遇到同樣的事情，會不會也跟我有同樣的感受呢？**」

這次小琪沉默了幾秒，不再以一貫的招牌笑容回應「沒關係」。

「你沒有說話，**我猜，是因為有一點點失望嗎？**」

小琪點點頭，依舊沒有說話。

「會不會，也有一點點難過呢？」

小琪點點頭，眼眶有一些溼溼的。

「小琪有一些失望，也有一些難過，因為班上同學忘記你的生日了。是這樣嗎？」我把剛剛的對話稍做整理。

在這一段對話中，我的目標是幫助小琪把自己的感受找回來，而不是習慣性地再次壓抑或否認內心的感受。能夠與內在的感受接觸，才有機會引導孩子進一步探索自己的期待與需求是什麼？

「如果可以，**你希望班上同學了解你的是什麼呢？**」

面對這個問句，小琪搖搖頭表示不知道。

「我很好奇，班上同學知道你喜歡什麼禮物嗎？」

「他們應該……不知道吧。」

「同學不知道你喜歡什麼禮物，是因為你沒有說過？還是你有說，但是同學忘記了呢？」

「我沒有說過……。」

「嗯，那你會希望有人知道你喜歡什麼禮物嗎？」

小琪微微點頭，表情有些不好意思。

「那我們來想一想：如果想要讓別人知道我們喜歡什麼禮物，可以怎麼做呢？」

「……告訴同學我喜歡什麼嗎？」小琪試探性地說。

「太好了，你幫自己找到了好方法呢！」我回應。

乖巧順從的孩子，內心或許很孤獨

無論是親職教養，或者班級經營，我們總是不自覺地把心力放在那個動作比較大、比較常出狀況的孩子，卻忽略了有幾個把事情做得很好、言行得宜、從不讓你擔心的孩子。

把自己照顧好的孩子，從小內心就有一把尺，這把尺的參考標準來自於父母親或老師的期待。他們知道大人認同什麼樣的行為舉止，所以他們努力地往大人的期待邁進，成為大人眼中乖乖牌的孩子、從他們口中收集一張張乖小孩貼紙。

表現出合宜的行為當然是一件好事，但有些孩子在這過程中卻習慣從他人身上獲得價值感。他們學會以大人的評價來看待自己，無法從內在長出欣賞自己的眼光。

另外，有一些孩子則是藉由大人的認同來獲得歸屬感。由於在關係中缺乏安全感，他們深怕如果表現得不好，大人就會施以處罰或遺棄他們。所以他們的努力表現，其實是為了確保在關係中的安全感。

可惜的是，這些擔心與需求往往沒有被聽見。大人們習慣關注他們外在的行為，並依據表現結果給予讚美或批評，並期待孩子繼續有好的表現。孩子在這樣的回應中，更加相信自己的假設：「果然沒錯，大人都只關心表現。唯有表現好，別人才會肯定我、愛我。」

我是不重要的孩子

壓抑型的孩子經常以行動告訴他人：「我很好，你們不用擔心。」倘若我們進一步用放大鏡細細觀看這句話，就會發現他們內在的聲音是：「我不重要，只要你們開心或滿意就好，請不要討厭我，不要遺棄我。」

壓抑型孩子的行為模式包括：

- 一旦事情出差錯，或對方表現出不開心，他會先檢討自己，啟動自責模式。
- 害怕衝突，寧願一肩扛起所有責任，甚至去承擔不屬於他的過錯，來換取和平的氛圍。
- 無法拒絕別人的要求，也無法要求他人負起該負的責任。
- 心裡累積滿滿的委屈、挫折，卻又不允許自己向他人透露。他們不是不相信別人，而是不認為自己會被接納、被支持。
- 好好先生／好好小姐是他們帶給別人最深刻的形象。

他們的內在普遍存在三種狀態：

一、否定自己的需求

壓抑型的孩子總是認為「別人的需求比我重要」，只要別人開心，這世界就是一片美好，所以他們從小就學會把別人的需求放在自己之前。由於不習慣也不允許向他人表達自己的需求與感受，久而久之就對自己的內在世界越來越陌生。

二、壓抑內心的感受

他們總是態度和善、面帶微笑。與他們互動很安全、很放鬆，卻總覺得好像少了一些什麼。因為，你很難了解他們真實的感受，也不容易碰觸到他們的內心。他們壓抑自己的負面情緒，其實是為了保護自己，確保自己在別人面前保有完美的形象。

三、覺得自己不夠好

壓抑型孩子最大的問題就在於「覺得自己不夠好」，他們習慣否定自我，並且忽視自己的好表現。即便對於他人的讚美或鼓勵也會感到開心，但過不了多久，這些開心又會被內在對自己的否認與質疑給沖淡。

陪伴孩子時，你可以這樣提問

我在與小琪的對話中運用了幾個重要問句：

- 「你希望生日那一天，同學為你做什麼呢？」試著鼓勵小琪思考並說出自己的需求與期待。這或許是她在生活中鮮少被關心、也很少有機會表達的。
- 「我問你哦，如果有班上有一個小朋友很會替其他同學著想……。你會不會想跟這個同學當好朋友？」「當這個好朋友過生日的時候，你會想為她做什麼呢？」要讓壓抑型的孩子說出需求與負向感受是有難度的，所以我用了角色扮演的技術，讓小琪先回到她熟悉的「幫助別人」的角色，去同理我所虛擬出來的另一個與她狀況相同的小朋友。當她在同理這個虛擬對象的同時，也等同於說出她自己的感受與需求。藉此引導小琪貼近她自己的內心世界。

- 「如果可以，你希望班上同學了解你的是什麼呢？」這種問句太空泛且不具體，對兒童與青少年而言難度太高，所以這是一句不太恰當的提問，在與孩子談話時要盡量避免。相較之下，我接下來問的「那你會希望有人知道你喜歡什麼禮物嗎？」就是比較具體的問句。
- 「你猜，這個小朋友的心情會怎麼樣呢？」「如果是你遇到同樣的事情，會不會也跟我有同樣的感受？」「我猜，是因為有一點點失望嗎？」這三個問句由遠到近：先讓她同理他人情緒，然後讓她知道我也會有類似的感受，所以這種感受很正常，是被允許的。最後，我才試著鼓勵她去感受並說出自己的心情。

ATM行為分析法的應用

透過我與小琪的對話，我們可以用ATM行為分析法來理解小琪的內在狀態：

一、行為（A）：

看得見的：功課優異、熱心助人、樂於分享、體貼細心。

看不見的：壓抑情緒、沒有說出自己的需求與想法。

二、目標（T）：成為他人眼中的好孩子，希望帶給別人快樂。

三、**動機**（M）：希望被同學喜歡、被大人認同，擔心被討厭或被遺棄。

在小琪的例子中，沒有出現讓他人困擾的問題行為，但是她那「看不見的行為」卻很值得被關注。在小琪長時間為他人著想、配合他人、犧牲自己的行為背後，很可能已經習慣壓抑負面情緒、忽略自己的需求。

也因為小琪的行為通常不會為他人帶來困擾（甚至都是被認同、受歡迎的），所以想要了解她，我們就需要刻意觀察小琪與人互動時的行為模式，以及什麼時刻她能夠出現為自己表態的行為。

動機越強，**行為就越難以被撼動**。想要協助孩子調整她的行為，讓生活可以更放鬆、自在，首要之務就是鬆動她內在的動機。

在你逐漸了解孩子內在的動機之後，你將會發現，這些動機往往都是**孩子內在想要滿足的需求**，例如前面提到的：想要被喜歡、想要被認同、害怕被遺棄（希望擁有穩固的人際關係）、希望自己是有價值的、希望自己可以成為更好的人等等。

接下來，在本書的第三部分，你將會更完整地掌握孩子內在的核心需求，並且了解如何透過正向、具體的方式來幫助孩子滿足這些需求。

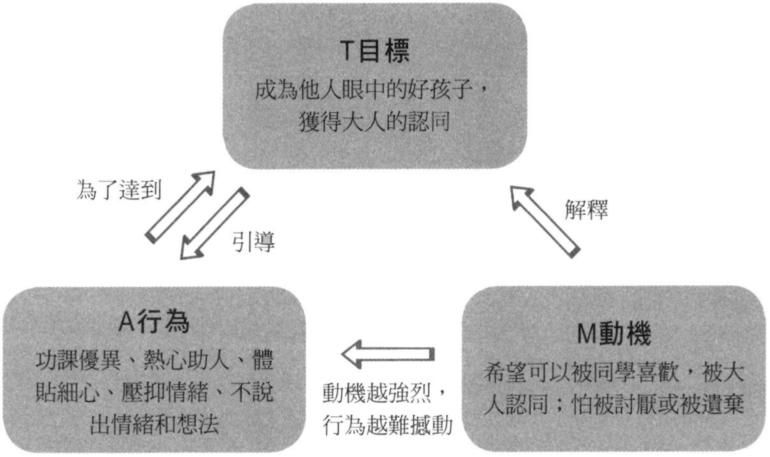
T目標
成為他人眼中的好孩子，
獲得大人的認同
為了達到
引導
解釋
A行為
功課優異、熱心助人、體
貼細心、壓抑情緒、不說
出情緒和想法
動機越強烈，
行為越難撼動
M動機
希望可以被同學喜歡，被大
人認同；怕被討厭或被遺棄

▲小琪的「行為－目的－動機」解析

PART 3

療癒

掌握內在的需求

對許多人而言，

很可能是在自己出社會、離家以後，

也可能是孩子長大以後，

或者，是當孩子回過頭來照顧我們之後，

才發現，原來關係中最親近的片刻，

是我們能夠看懂彼此真正的需求，

然後溫柔地問：「親愛的，我可以為你做些什麼呢？」

好消息是，

這個能力，我們從現在就可以開始培養。

第8章

內在的核心需求：幸福三元素

一位想要成為探險家的年輕人，在背包裡放了高階手機、行動電源、信用卡，以及隨手抓起一瓶可樂，就隻身前往某個遙遠的原始部落。歷盡千辛萬苦到了當地，他才發現手機訊號微乎其微，好不容易連上網路，導航軟體卻無法顯示資訊。語言不通的他只能拿著手機到處找訊號，沒多久就連行動電源也用罄。找了幾個商店之後才驚覺，手上那一張額度無上限的信用卡在當地一點用處都沒有。

正當他愣在原地無計可施、沮喪地從背包拿出可樂解渴時，幾個當地人突然圍過來，好奇地盯著他手上那瓶布滿氣泡的黑色液體。看見他們的反應後，年輕人主動把可樂分享給大家。眾人起初有些猶豫，但喝了之後紛紛對這神祕的飲料大為驚奇，開心之餘熱情地陪伴他認識部落，邀請他到家裡做客、品嘗當地美食，還引導他到少數幾個能充電的地方。

回顧這趟探險之旅，讓他順利完成旅程、品嘗美食、順利充電的不是高階手機或信用卡，而是那一瓶生活中隨處可得的飲料。

相信這種荒誕的行徑不至於發生在你身上，但我們可以提醒自己：洞悉情境、使用適當的工具，才能收到事半功倍的效果。

我相信你身懷許多回應孩子、與孩子互動的招式，只是你往往不清楚「適用的時機」。此時應該講哪句話？此時該用哪一種方式向孩子提問？什麼時候該堅持原則？哪些時候又該放手？於是你費力地把學過的技巧一一搬出來，結果就像那位探險的年輕人，要不收不到訊號、不然就是沒地方充電，找不到可以刷卡的商店，什麼事情都處理不了。

本書的第三部分，就是要幫助你學會評估孩子內在主要的三種需求，它們分別是：**歸屬感、價值感、希望感**。你可以在這些需求浮現的時候「對症下藥」，優雅地從背包裡篩選出合適的策略來回應孩子，如此就能幫助你用更省力的方式與孩子互動、改善你與孩子的關係。

歸屬感：個人與他者的關係

歸屬感是自己與他人之間的正向連結。

擁有歸屬感讓人感覺到自己被愛、接納、理解。無論是成人或孩子，在能夠提供歸屬感的關係當中，會讓人覺得自己是被珍惜與被保護的。一個擁有歸屬感的孩子，在關係中能夠對他人產生信任感，不會擔心因為自己表現不好就被否定、被遺棄。同時，他也比較能夠忍受寂寞與孤獨的時刻，因為他知道這只是正常且暫時的現象，自己不會永久處於這種難受的狀態。

不過，歸屬感不僅是人與人之間的連結，還包括個人與某一個團體，甚至某一個環境之間的連結。

對團體擁有歸屬感的孩子會去同理團體裡的其他人。他們會遵守團體規範，尊重團體裡的其他成員，在做任何事情的過程中會顧及他人的感受。雖然孩子難免會調皮或惡作劇，但對團體擁有歸屬感的孩子在心裡會有一道底線，知道某些行為可能會對他人帶來傷害，也避免逾越這條線。

另一方面，歸屬感也有助於孩子強化「利他主義」的特質。他們不只從別人身上獲得愛與關心，也會想要關心或幫助對方，提供對方被同理的經驗。有些孩子在完成自己的作業後，看見一旁學習進度落後、很焦急的小朋友，會主動伸出援手，陪他一起完成。有些孩子在發現老師或父母親心情不好時，會主動上前關心（即便說的是童言童語），傳遞陪伴或幫助對方的善意。而這些行為的目的純粹是希望對方可以過得更好，而不是為了要求回報。

對環境有歸屬感的孩子，會愛惜周遭的事物，他們不僅珍惜這些東西，也能主動維護環境的整齊與完好。他們覺得自己是這個環境中的一份子，感受到身負愛護環境的責任。這也是學校舉辦校外教學最重要的目的，幫助孩子在與某些環境互動的過程中，提升對這個環境的認識，進而產生歸屬感。

對學校擁有歸屬感的孩子不一定成績優異，也未必會認真念書，但他們卻喜歡「上學」這件事。他們在學校找到屬於自己的位置，擁有認同的對象，他們或許在某些方面擁有成就或熱誠，或許是喜歡老師、同學、某一堂課，也或許是喜歡下課時間與同學的遊戲或競賽。最重要的是，他們在這個地方是覺得安全的。

擁有歸屬感的孩子，不會輕易地在犯錯之後隨口說出：「只要是我喜歡，有什麼不可以？」「我開心就好，其他人不重要！」因為他們清楚自己的所作所為可能會帶給別人不方便，或者對他人造成某些傷害，而這不是他們樂見的事。

總而言之，歸屬感是人與外界的正向連結，能夠促進個人與他人、與環境保持良好的互動。擁有歸屬感的孩子，不會因為要滿足自己的福祉而去傷害他人的權益。

價值感：個人與自己的關係

如果歸屬感是個人與他人及外在環境的連結，那麼價值感就是個人與「自己」的連結。

所謂的價值感是指個人喜歡自己及覺得自己好不好的主觀感受。擁有價值感的孩子在大多數情況下對自己是有信心的，他們當然也會因為失敗而感到挫折，但他們視失敗為正常的現象，並且能夠自我反省，檢討行動策略，開放地接受別人的建議。

一個人的價值感通常來自兩個方面，其一是來自於他人回饋；其二則是從自己內在長出來的價值感。

來自他人的價值感包含兩種，一是前面提到的歸屬感，當一個人獲得被愛、被支持、被接納的經驗，他會覺得自己是重要、有價值的孩子。另一個來源是他人給予的正面評價，包括表現結果、外型、特質等等。當孩

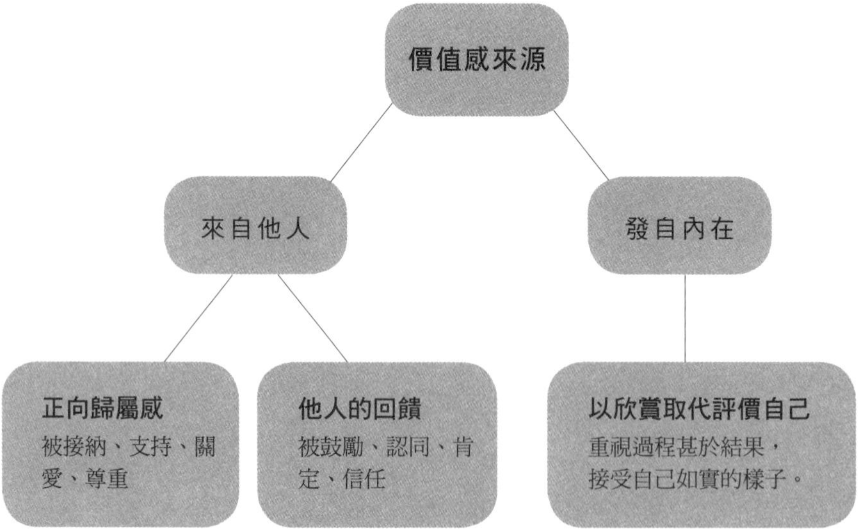

子的認知能力還不成熟時，他人的肯定與認同是孩子評價自己最重要的來源。年紀越小、性格越順從的孩子，也越仰賴別人所給予的回饋。

隨著年齡增長，當一個人累積更豐富的生命經驗與智慧之後，除了依靠來自他人的回饋所建立的價值感之外，也能慢慢從內在長出欣賞自己的能力。這時候個人不再只是從別人的評價來決定自己的價值，也不再全然仰賴行為結果來給予自己評價。

一個能夠從內在發展出自我價值的人，看待自己的方式會逐漸以「欣賞」取代「評價」。他們比較不會把各種分數或成就與自我價值畫上等號。相對地，他們會欣賞自己真實的樣子，他們不僅發自內心欣賞自己的表現（而且不是透過和其他人比較），也能坦然接受自己的缺陷與不足。

更重要的是，當一個孩子能夠發自內心欣賞自己的好、並且接納自己的不足時，比較不容易因為他人的眼神或評價而受傷。因此，他們能夠自在地成為自己真實的樣子，也能發自內心喜歡這樣的自己。

希望感：個人與未來的關係

不同於前面兩者，希望感是一個人與「未來」之間的關係。

擁有希望感的孩子對學業、人際、生活充滿了期待。他們好奇未來的自己會長什麼樣子？未來會從事哪一種職業？也好奇透過努力，未來可以擁有什麼樣的生活？他們通常會對未來充滿正向的想像，而這些想像中的世界會成為他們理想的生活樣貌，並且依此來設定生涯的目標。

希望感在孩子的心中扮演著「燈塔」的角色，在漫長且充滿未知的人生旅途中，**指引孩子朝特定的方向前進。**

比起獨來獨往，對社交互動充滿希望感的孩子更喜歡與人相處，他可能會努力投入社團或學生會。他們相信自己可以在人際互動中獲得正向的經驗，也喜歡與他人一起合作完成某些任務。

對學習充滿希望感的孩子，對課本上的內容感到好奇，期待從老師身上聽到更多知識或故事。有些孩子也會在學校教授的知識之外，自行探索各種令他們覺得新奇的事物，例如：把玩具拆開後重新組合；試著騎乘不同款式的腳踏車；嘗試用不同方式來完成某些任務。不過，有時候這種嘗試可能會被誤以為是在搞破壞。

對運動充滿希望感的孩子會投入各種身體的活動，他們或許會在某些運動不斷地追求突破，他們喜歡挑戰體能極限。每一次的進步，都會讓他們感覺到成就與滿足。運動在他們的生命中，很可能成為重要的精神糧食，甚至是作為職業的選項。

整體而言，價值感是一種推力，孩子因為對自己有信心，所以有勇氣推動自己去面對未知的任務；希望感則像是位於前方的拉力，在孩子跨出腳步的時候，引導他們前往某個地方。

擁有希望感的孩子期待迎接未知的每一天，對他們來說，「未知」充滿了許多令他們好奇的新事物。在這群孩子的身上鮮少看見悲觀或憂鬱的影子，因為希望感帶給他們源源不絕的熱情與活力。

環環相扣的三元素

雖然我們把歸屬感、價值感與希望感分開來討論，但他們並非完全獨立、互不相干；事實上，這三個元素不僅相互影響，而且關係還相當密切。

在充滿滋養與安全的關係中，孩子可以從中獲得足夠的歸屬感。因為感覺到自己被愛、被支持、被接納，在充滿正向且溫暖的環境中成長，人會從中長出價值感，相信自己是珍貴、重要的。也因為擁有高自我價值感，他知道即使有時失敗了或結果不如預期，很可能只是方式錯了，或是努力得不夠，而不代表自己無能或沒用。

同時，因為身邊的重要他人經常鼓勵他，並且容許他朝某些方向去探索，因此孩子對未知、未來充滿了好奇與期待，進一步為自己設定某些目標，朝著這些目標前進，這是擁有希望感的象徵。

然而在現實的關係中，因為種種因素，孩子或許無法全然滿足這三個需求。在成長的過程中若缺乏某些元素，可能對造成孩子的影響又是什麼呢？

一、只有歸屬感

一個只有歸屬感，但缺乏價值感與希望感的孩子，在生活中面臨最大的困境就是「無法獨立」。由於他所有的重心都放在與重要他人的連結，渴望來自他人的陪伴與接納，卻沒有信任自己、支撐自己獨立的價值感，也缺乏邁向未來的希望感。

在這種情況下，孩子很可能凡事都仰賴他人的決定，深怕違背他人意見就會失去與他人之間的連結。所以他凡事都以對方的意見為主、滿足對方的期待，竭盡所能地討好他人，避免被冷落、被遺棄的風險。

二、只有價值感

缺乏歸屬感，即使擁有可觀的收入、優渥的生活品質、令人稱羨的豪宅與名車，但沒有人與你開心、共享，也沒有人傾聽你的想法與感受，所有的一切都只能獨自享受、獨自消化，因此孤獨可能經常如影隨形。

缺乏希望感，雖然你因為某些成就而開心，但你其實不清楚這些成就的意義是什麼？你的未來想要走向哪個地方？在開心之餘，你也會感受到內心的茫然，懷疑自己付出這麼多時間與力氣來獲得這些成就，到底是為了什麼？

對於那些已經習慣把課業成績作為唯一價值感來源的孩子，上了大學、進入社會之後，可能會相當不適應。在成績之外，他們在多元發展的大學校園裡找不到意義感。而凡事都要以結果來證明自己的能力、與他人比較的行為模式，也可能會讓他在人際關係中不受歡迎。

三、只有希望感

只有希望感但缺乏其他兩種元素的孩子，最明顯的特徵就是「裹足不前」。

只有希望感，但缺乏價值感的孩子，不僅缺乏現實感，也無法接受自己能力不足之處。缺乏價值感，孩子不清楚自己的能力為何，也對自己缺乏信心，雖然他為自己設定了某些目標，卻總是不敢跨出冒險的第一步。他們會找出各種理由來證明自己還在規劃，還在等待最佳時機，但實際上，他的躊躇不前真正透露的訊息是「我不相信自己有能力，我覺得自己會搞砸事情」。

缺乏歸屬感，孩子在追求目標的過程可能會相當寂寞。當他遇到挫折與懷疑時，沒有人可以適時給予他溫暖的鼓勵與支持；當他在規劃未來的藍圖時只能活在自己的象牙塔，沒有人陪伴他一起討論與修正。

四、三者都缺乏

早在一九八〇年代，認知心理治療學派的創始者亞倫・貝克（Aaron T. Beck）就提出「憂鬱三角」的概念：當一個人不喜歡自己、無法信任他人，也對未來失去希望感時，很可能會陷入憂鬱的狀態。而貝克所強調的這三個向度，正好是歸屬感（無法相信他人）、價值感（不喜歡自己）、希望感（對未來失去希望）。

在我的諮商經驗中也發現，憂鬱的人傾向批評自我，否定自己的努力與價值，難以接受別人對他們的肯定；他們對別人抱持著懷疑，不相信別人會對他們伸出援手，因為害怕所以盡可能逃避與人互動；同時，他們並不相信努力可以獲得甜美的成果，也對未來抱持悲觀無望的態度。憂鬱的人不僅失去行動的能量，也拒絕別人的幫助，拒絕來到眼前的機會與希望。

孩子比我們所想的還要努力

如果你到幼稚園或小學低年級的教室觀課，很有機會看到一幕可愛的畫面。只要有老師稱讚某一個小朋友的字寫得很漂亮、午餐吃得很乾淨時，下一秒一隻隻稚嫩的小手就如同雨後春筍般紛紛冒出來，然後用力地說：「老師你看，我的字也寫得很漂亮！」「我我我！我的午餐也吃得很乾淨哦！」

每當老師問：「這個題目誰要回答？」「誰要當班長？」台下的小朋友們往往也會用力舉手，彷彿不願意錯過任何一個可以讓自己被注意到的機會。

那些用力舉高高的小手，正在為自己爭取被老師認同的價值感，也期待獲得被看見的歸屬感。

孩子在成長過程中，透過努力表現、接受未知的挑戰、藉由觀察重要他人的反應與回饋來獲得幸福三元素。可惜的是，不是每一個孩子都有能力（或方法）表現出大人們認可的行為。除此之外，有些孩子無論如何努力都得不到大人的認同，不是因為他們表現得不好，而是這些大人缺乏肯定孩子的能力或意願，導致孩子在成長的過程中充滿挫折。

當他們在成長過程中累積了太多失敗經驗，卻依舊無法獲得他人的認同，很可能會轉而使用其他方式來滿足想要被愛與被關注的需求，不幸的是，這些方式很可能是大人眼中不當的或觸法的行為。

為了獲得幸福三元素，孩子其實比我們所想的還要努力。身為大人的我們能夠提供孩子最重要的協助，就是從孩子的行為中辨識出他們追求的是哪些需求，然後引導孩子透由適當的行為來滿足內在的需求。

接下來，你將會從後續三章中深入了解孩子的需求，並學習如何在你的親子關係或師生關係中，陪伴孩子滿足這三個重要的元素。

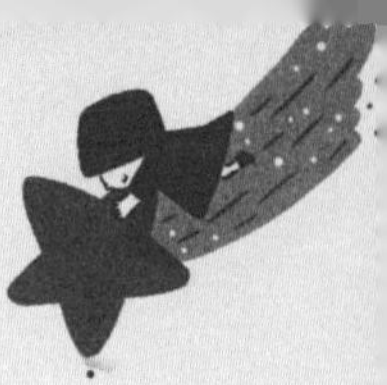

辨識幸福三元素

閱讀至此，相信你對幸福三元素已經有了初步認識，為了幫助你更熟練的辨識孩子的需求，現在請你動動腦，試著完成以下的練習。

在這裡，我舉出十種兒童與青少年經常出現的情境，以及孩子可能想要達到的目的。請你依據本章學習到的概念，選出孩子內在可能想要被滿足的需求。（A代表歸屬感；B代表價值感；C代表希望感，請在括號內填入A、B或C。）

一、偷拿家裡的錢

（　）讓班上同學覺得他很厲害，能成功偷到大人的錢。

（　）想要買東西送給朋友，與朋友建立關係。

（　）努力存錢，想要在半年後買一隻最新型的手機。

二、到處與人打架

（　）想要建立自己的地盤，拓展往後在學校裡的勢力範圍。

（　）想要幫好朋友出一口氣。
（　）想要證明自己不是一個好惹的人。

三、拖延繳交作業

（　）害怕寫得太糟糕，就無法繼續當老師的小助手。
（　）覺得作業太難了，不管怎麼努力分數都無法提升。
（　）擔心報告的分數會很低，覺得很丟臉。

四、蹺課，拒絕上學

（　）聽不懂老師教的東西，不喜歡被同學輕視。
（　）想要有志同道合的朋友，可以到處晃來晃去。
（　）不知道上學有什麼意義，或對生活或未來有什麼幫助。

五、自我傷害

（　）覺得生活很空虛，想找回活著的存在感。
（　）討厭自己，覺得自己很糟糕、很沒用。
（　）希望被重要的人注意到，想要獲得關心。

六、待在家裡不願意出門

（ ）想好好準備考試，考上心目中的第一志願。

（ ）深怕父母親會在不注意時丟下自己。

（ ）不喜歡自己的外型，害怕被取笑。

七、干擾上課，破壞課堂秩序

（ ）課程內容聽不懂，找不到認真上課的意義。

（ ）想成為全校師生都知道的「有名」人物。

（ ）看到同學因此哈哈大笑，覺得自己被他人喜歡。

八、在別人說話時插嘴

（ ）想讓別人知道自己很厲害、很有想法。

（ ）覺得自己經常被他人忽略，覺得失落。

（ ）想證明自己的能力，未來可以被選上幹部。

九、主動幫忙分攤家事

（ ）想要與父母待在一起。

（　）希望父母不要太操勞，保持健康。
（　）喜歡被父母認同、鼓勵的感覺。

十、談戀愛

（　）對於親密關係有著美好的預期。
（　）期待可以被對方理解、被關愛。
（　）覺得被人喜歡的自己是很棒的。

答案：

一、偷拿家裡的錢：ＢＡＣ
二、到處與人打架：ＣＡＢ
三、拖延繳交作業：ＡＣＢ
四、蹺課，拒絕上學：ＢＡＣ
五、自我傷害：ＣＢＡ
六、待在家裡不願意出門：ＣＡＢ
七、干擾上課、破壞課堂秩序：ＡＣＢ
八、在別人說話時插嘴：ＢＡＣ

九、主動幫忙分攤家事：ＡＣＢ

十、談戀愛：ＣＡＢ

「意願」與「準確」同樣重要

實際練習時，有時候你可能很難精準地辨識出「價值感」或「希望感」的差別；有時則難以辨識出「價值感」或「歸屬感」的差別。請放心，這是很正常的。這三個元素有時候的確會有一些重疊或模糊的區域，因為它們本來就是環環相扣、相互影響。有時候一個行為的背後可能只有一個想要滿足的需求，有時候可能同時包含二或三個需求。

在面對孩子各種行為時，光是你能夠先停下評價或處罰的慣性反應，並且試著理解、辨識他的內在需求，對孩子來說就是最好的陪伴。換言之，**準確的理解雖然重要，但你願意靜下心來理解孩子的需求，也是營造正向關係不可或缺的必要因素。**

第9章

賦予歸屬感

談到「歸屬感」，我想起求學過程中印象深刻的一段回憶。

高二那一年，是我求學階段與導師關係最衝突的一段時間。新來的導師是年輕男老師，個子矮我一個頭，剛從台灣師大地理研究所畢業沒多久。接下俗稱「後母班」的他，起初對我們班處處刁難，處處挑剔。只要上課鐘聲一響，教室裡就不能有交談的聲音；請病假不能只憑藥袋或家長口述，還得檢附就醫證明；中午只能訂便當而不能去學生餐廳包飯（我們的學生餐廳是出了名的美味）；黑板只有一小部分沒擦乾淨就會被碎念整節課。

因為名字的諧音，我們給他取了一個綽號叫「大茂黑瓜」。

由於高中時期我離家獨自在外租屋，自由慣了的我對於他的嚴格與挑剔感到相當不爽，不僅上課刻意不配合，連應答也愛理不理。

不過，大茂黑瓜在教學上的確很有本事，他先是用世紀帝國（當時很紅的遊戲）

融入地理教學（當時我們班的地理成績是全校倒數），成功收服了一票原本反抗他的同學。

獲得多數人認同後，他開始展現教學的功力，不僅傳授了許多讀地理的獨門心法，每教到一個新的地方，就會分享豐富的故事和有趣的冷知識。漸漸地，地理竟成了大家最期待的課程。

班上的地理成績在很短的時間內提升到僅次於資優班，意料之外的成就感也讓許多同學長出努力念書的動機。

但是，後來我才知道他的能耐不只如此。

高二下學期，我的租屋處隔壁發生一起命案，我從深夜就開始接受警方做筆錄、壓手印，直到隔天清晨才恍恍惚惚走進教室。

忍耐幾天之後，我鼓起勇氣向租屋公司提出解約，想要另尋住處，結果租賃公司非但不願意解約，還恐嚇我說違約會有意想不到的結果。

大茂黑瓜得知此事，放學後直接拎著我到租屋處，一個人與租屋公司幾個壯漢周旋，後來不僅成功拿回押金，還立刻帶我找尋下一個住處。

我印象很深刻，在那個還沒有智慧型手機可以搜尋租屋資訊的年代，他騎著一台暗紅色老舊摩托車，我騎著腳踏車，在學校附近從下午晃到晚上。

當天晚上，他幫我找到租屋處，談到優惠的房租，甚至還到家具行幫我訂妥簡單的家具。

「沒事了，安心住下來吧。」忙到接近晚上十點，他若無其事地說：「沒什麼不能處理的。如果有，就來找我。」

那一晚，我獨自待在新的住處，心裡有好多說不出口的感謝，以及抱歉。

從那一天起，我認真聽他上課，原本起起伏伏的成績到後來幾乎都維持在全校社會組前十名。

成績逐漸穩定、全班也越來越自動自發之後，他的碎念減少了，反而是我們開始督促他趕緊找一個好對象完成終生大事。

我們依約獲得好成績，他也依約邀請我們參加婚禮。

還記得他迎娶的那一天，我坐在第一輛禮車的副駕駛座，負責在每一個轉角丟鞭炮，主動和幾個同學在婚禮現場幫忙。而他包給我的那一個紅包，我到現在還原封不動地收藏在抽屜裡。

大學放榜當天，我衝進辦公室告訴他我錄取了第一志願。印象中，他的反應比我還要開心，一直大聲嚷嚷他相信我辦得到。

離開辦公室的時候，我開玩笑地跟他說：「以後終於不用再被你碎碎念了。」但轉過身的那一刻，我心裡對他有好多的不捨、以及說不完的感謝。

歸屬感是維持心理健康的基本需求

「社會支持是一種生理需求，而非可有可無的選項。」——7

如果充足與健康的飲食可以維持人類的生命，那麼具有歸屬感的人際關係，絕對是維持人類心理健康的重要糧食。

一個在成長過程中獲得充足歸屬感的孩子，會擁有其中幾項以下特質：

- 對人際關係抱持信任，較少在關係中感到害怕、質疑。
- 較少以負面且扭曲的觀點解讀人際互動中的訊息。
- 能夠輕鬆且自在的與別人互動。
- 能夠接受別人對他的關愛，也能發自內心愛別人、關心別人。
- 能尊重別人的感受，也能捍衛自己的界限、拒絕他人的侵犯。
- 能夠表達自己的感受與需求，也能關照他人的感受和需求。

為數眾多的研究發現，大量的人際互動（尤其是與同儕遊戲）有助於兒童學習表達情緒與需求，因應衝突的策略，培養對他人的同理心，感受到自己的能力與限制，並且從中獲得重要的歸屬感。

大衛・布魯克斯（David Brooks）在《社會性動物：愛、性格與成就的來源》（*The Social Animal: The Hidden Sources of Love, Character, and Achievement*）書中，提到一項有趣的實驗。施測者邀請受試者回想過往生命中孤獨的經驗，接著請他猜測當下的室溫。

研究結果發現，有回想孤獨經驗的受試者所猜測的室內溫度，比另一群沒有回想孤獨經驗的受試者猜測的溫度還要低。這麼說來，那一句大家耳熟能詳的「覺得寂寞、覺得冷」，似乎還真有幾分道理呢。

《康健雜誌》第一百八十期也曾刊載一項美國密西根大學的研究，這項研究旨在調查退休族的生活滿意度。研究結果發現：平均有十六名可依賴的朋友或熟人的退休族，對退休生活最感滿意；而不滿意退休生活的人，能依賴或信任的朋友或熟人則少於十名。

當一個人能夠從人際互動當中感受到被愛、被接納，或者覺得自己隸屬於某一個「對象」，這個對象可能是某個重要他人、團體或某個地方，才能從中獲得歸屬感。

我很喜歡用一句話來描述歸屬感：**你知道在某個對象的心裡，有一塊專屬於你的**

7 引自《心靈的傷，身體會記住》（*The Body Keeps the Score*），貝塞爾・范德寇（Bessel van der Kolk）著。

空間。

那麼要怎麼做，才能夠經營出一段有歸屬感的關係呢？先決條件是你要有與孩子正向互動的「意願」。

傳遞與對方互動的意願

人與人之間的相處，最忌諱的就是帶刺的回應。當一方真誠地溫柔以待，另一方卻刻意冷淡，以敵意回應，時間久了，縱使你還愛著對方，卻也害怕在關係中繼續被對方傷害。為求自保，你只好開始疏遠，逐漸變得冷淡。

我很佩服大茂黑瓜與學生互動的意願，即便他的帶班風格相當嚴謹，但他對待學生的態度從來都不是「如果你們表現不好，我就不理你們」。相對地，當學生遇到困難時，他沒有幸災樂禍，沒有說教或落井下石，而是捲起袖子，直接以行動告訴學生：「我就在這裡，我陪你一起面對問題。」

即使那個晚上沒有找到新的租屋處、沒有談妥退租的事宜，都無損我對他的尊敬與感謝。因為他已經透過行動讓我深刻感受到：**他願意陪伴我、幫助我**。

當你主動對孩子釋出善意時，有時你會發現孩子好像以各種方式測試你，但他們真正的目的不是氣你，而是想確認自己是不是真的值得被你所愛。身為大人的你，或許因為不舒服、害怕受傷，所以不自覺地武裝自己，與孩子保持一段距離。但請不要灰心，只要你願意持續傳遞互動的意願，採取正向的互動，一定能讓彼此更加靠近。

接下來，我要分享幾個能夠為關係增添歸屬感的互動原則。

一、專注此時此刻的互動

有一次在餐廳吃飯，隔壁桌小男孩在餐點上桌前，小心翼翼地從書包裡拿出一團衛生紙，衛生紙攤開後，裡面是一些小餅乾。我看了一眼，裡頭的小餅乾幾乎都壓碎了，衛生紙上還有一灘油漬。

小男孩興奮地說：「馬麻你看，這是我們今天做的餅乾耶，送給你吃。」媽媽皺了一下眉頭說：「謝謝，我們要吃飯了，先放旁邊吧。」母親雖然嘴裡說謝謝，但並沒有伸手接下餅乾。

小男孩似乎有些失望，抓了一把餅乾遞到母親面前：「馬麻你先吃吃看嘛，我覺得很好吃耶。」

結果母親生氣地說：「不要碰餅乾！你剛剛才洗過手，現在又弄髒了。」

小男孩開始嘟嘴，吃飯時也心不在焉，而母親則是啟動說教模式，於是整頓飯感覺烏煙瘴氣的……

看著這一幕，我心裡覺得很不捨。母親的提醒並沒有錯，小男孩也不是故意要惹母親生氣，但一道純真的善意，就在這過程中被忽視了。

在親密關係中，我們雖然天天看著對方，卻沒有真正「看見」對方；我們時常聽對方說話，卻沒有真正「聽懂」對方內心的聲音。**我們心裡所想的，常常都是我們自己的期待、需求，以及希望對方配合的事情，所以總是急著說話，而不是專心傾聽。**

母親關注的焦點是洗完手趕緊吃飯，吃完飯還有其他事情要忙，所以當孩子把餅乾遞過來的時候，她看到的不是孩子的善意，而是油膩、髒汙、花時間洗手，這一切都可能會拖延吃飯與做其他事情的時間。

這時候我們只是關注到自己的需求，卻沒有與對方產生連結。**沒有連結的關係就不會產生歸屬感。**

要能夠專心與對方相處，你必須提醒自己「人在哪裡，心就在哪裡」。你可能還有許多事情要做，但與家人相處時能否允許自己放下手機、暫停腦袋裡的工作計畫，先把注意力放在桌上的菜餚，專心聽家人說話，讓你的心與家人真實地在一起。

如此一來，才能讓關係產生連結、才會產生歸屬感。

二、讓訊息雙向流動，溝通就能更順暢

有一次我在一所高職對家長演講，討論到「如何讓孩子覺得被尊重？」，這時正好現場有幾位擔任志工的學生。我把握這個好機會，邀請他們從孩子的角度分享「父

母怎麼做，他們會覺得自己被鼓勵、有價值？」現場的大人紛紛豎起耳朵，好奇孩子的想法。

幾位高中生的說法大致上是：

- 爸媽可以分享自己的想法，但也讓我有說話的機會。
- 希望爸媽聽我說話時，不要急著打斷我或給建議。
- 如果邀請我說話就請尊重我的想法，而不是每次都否定或批評。

我聽了之後回應：「所以你們並沒有拒絕父母親說出他們的意見，只是你們也希望有機會自己的聲音被聽見，然後不要太快被否定，是嗎？我有正確地理解你們的意思嗎？」

現場幾位高中生紛紛點頭。

如同這一群高中生的說法：有歸屬感的關係，是讓對方感受到你的內心有一塊容納他想法的空間。你不一定要同意他的說法，但你願意尊重他有表達的權利；你可以提出你的想法，但也尊重對方有接受與否的空間。

很多時候大人以為自己是在與孩子溝通，但孩子感受到的卻是大人極力想要說服他們。

溝通的精神是讓彼此都有機會說出自己的想法，讓想法可以在關係當中雙向流動，而不是急著以單方面的價值觀去評價對方。

大茂黑瓜帶班雖然嚴格，但每當有同學質疑他的規則時，他都會停下來讓質疑他的學生說出想法，然後他再說明自己的用意，常常在這一來一往的過程中，學生原本不滿的情緒也因為被聽見、被重視而逐漸平緩。

有趣的是，現場有一位高中生補充：「希望爸媽在聽完我說的話時，可以多問一句你最後問的『那一句話』。」

「那一句話」正是我問他們：「我有正確理解你的意思嗎？」

這一句話是促進溝通得以雙向流動的重要關鍵，意味著「**我不只是專心聽你說話，同時也謹慎地確認我是否真的理解你的想法**」。

這種溝通型態讓彼此有討論的空間，同時也傳遞想積極理解對方、靠近對方的意願。如果關係當中，我們願意認真傾聽，與對方核對彼此的想法，就可以降低許多不必要的誤解。

三、允許脆弱存在

我在《別讓負面情緒綁架你》書中提到，情緒並沒有好壞及對錯之分，但隨著年紀增長，我們對於負面情緒的表達總是顯得很尷尬、很困難，好像只要讓別人知道我們難過、生氣、害怕，就代表我們是脆弱、無能的。

事實上，當一個人能夠在你面前表達脆弱，代表他願意信任你，讓你看到他真實的一面。如果你能專心陪對方聊一聊這個情緒，他就會覺得自己的脆弱與無助被你穩穩地接住，即使眼前的問題並沒有被解決也無妨。

相反地，如果你很快就打斷對方，告訴他「這種情緒沒什麼大不了」，希望他堅強一點，對方就會把自己的負面情緒包裝起來，不想與你分享真實的感受，你們的距離當然也會越來越疏遠。

身為大人的我們如果能以適當的方式表達自己的情緒，才能幫助孩子了解我們的狀態，知道如何靠近與尊重我們，並且也從我們的身教學會表達情緒。

- 當你溫和且真誠地讓孩子知道你的生氣、悲傷、擔心，孩子才有機會了解你當下的狀況，並且學習理解與陪伴你。
- 當關係中允許袒露並尊重彼此的脆弱，就不需要穿著沉重的盔甲來防衛。
- 面對衝突，當你能與另一半就事論事討論，能道歉、能表達自己的需求，對孩子就是最重要的情感教育示範。
- 無論是表達自己的感受，或者衝突後的修復關係，都是在教孩子：這個家是允許有情緒與衝突的，而我們也有適當的方式來面對負面情緒與衝突，不會讓彼此的關係因而破裂。

四、避免有害的互動方式

承諾與安全感，是促進歸屬感最重要的核心元素。好消息是，幾乎所有的孩子天生就有依賴父母、主動親近父母的天性。光是你提供他一個可以遮風避雨的安全住處、簡單樸實卻穩定的三餐，就足以帶給孩子基本的安全感。

多數人都知道，當孩子遭遇重大的意外或傷害，這種安全感有可能會被破壞，例如：孩子被大人施以身體或精神的虐待、性侵害、遺棄……等等。但是你知道嗎？在日常生活中，有些看似微不足道的行為一旦持續久了，也可能剝奪孩子的安全感。

- **以關係做為威脅：**你若表現不好我就不愛你了；你給我滾出去；你自己待在這裡，我要回家了。
- **與他人做比較：**別人家的孩子都比你優秀；你怎麼不能跟別人一樣聰明呢？
- **貶低孩子的人格：**養你真是枉然；你實在很沒用；你怎麼會這麼笨呢？

這些語言會讓孩子感覺到：「爸媽愛我的程度，取決於我的表現。」「愛是有條件的、是不穩定的。」

有時候大人說出這些話，可能只是因為一時在氣頭上，而不是真的要傷害孩子，但是請記得：這些行為除了讓孩子焦慮與恐懼之外，也同時剝奪了我們後面要提到的「價值感」與「希望感」。當一段關係充滿了恐懼與焦慮，讓人覺得自己是很糟糕、不被愛的，又怎麼可能讓人感受到歸屬感呢？

千萬不要小看歸屬感的重要性，擁有歸屬感的關係才會讓孩子產生信任感與合作的意願。當你發現你的教養或輔導策略時常對孩子不管用時，或許並不是你採取的策略無效，而是你們的關係缺乏了歸屬感。此時，你們之間真正需要的是修復關係，而不是繼續用物質討好、或者用更嚴厲的方式管教孩子。

因此，下一次當你要說出這些「氣話」之前，還請三思而後行。

拉近距離，療癒脆弱的心

「關心非常重要，它有治癒人心的力量，也是解除痛苦的良藥。」[8]

多年前我在機構幫一群兒童上課，其中一堂課是自由活動。就在小朋友們開心玩耍時，突然間，一顆黃色的躲避球在空中劃出一道弧線，不幸的是，弧線的另一端恰好是一大扇乾淨明亮的玻璃窗。

在眾人的驚呼中，玻璃應聲破裂，大量玻璃碎片瞬間散落滿地。

就在社工員要上前處理時，眾人目光所及之處的小男孩，這位打破玻璃的「凶手」卻站在原地失控大吼：「你們都是壞人！走開，不要過來！」他一邊吼，腳還用力跺著布滿碎玻璃的地面。

看著碎裂的玻璃與小男孩歇斯底里的模樣，其他小朋友都嚇傻了，就連社工員也拿著掃把與畚箕愣在原地，不知道該怎麼辦。

我從孩子遊戲的過程中觀察到，小男孩並不是故意要打破玻璃的。他原本與其他的孩子開心地玩著，可能是力道或方向沒有拿捏好，才會不小心釀成眼前的慘況。

「遇到意外事件，為什麼不是尋求協助，而是憤怒呢？」我對這個反應產生了大大的問號。

我緩緩走向他，一邊靠近，一邊觀察他的反應，直到與他距離大約五步時，他突然朝著我大吼：「你不要過來！你滾開！」

這種反應跟他這兩天總是圍繞在我身旁、主動擔任我的小幫手的行為完全不同，而這個反差也讓我在心裡浮現了某種假設。

我停下腳步，蹲下身子回應他：「你希望我停在這裡，是嗎？」

「我不知道！你走開！你不要過來！」小男孩繼續大吼。

「你不知道該怎麼辦，但是你希望我停在這裡。對嗎？」我說。

小男孩沒有再回話，但肢體看起來相當緊繃，身體還顫抖著。

「沒事的，我會在這裡。你也可以繼續待在這裡。」我一邊對小男孩說，一邊請社工員先把其他小朋友引導到旁邊進行活動，避免出言刺激小男孩。

我和小男孩兩人就這樣一個站，一個蹲，在原地僵持了將近二十分鐘，小男孩的呼吸才開始變得比較緩慢，緊握的拳頭也漸漸鬆開。

「窗戶突然破掉，你也被嚇到了，對嗎？」我說。

聽到這句話，小男孩的眼眶瞬間泛出淚水。

---

8 此句出自電影《心中的小星星》（*Taare Zameen Par*）。

「看到窗戶破掉，你很害怕，不知道該怎麼辦。」我說。

小男孩的眼淚撲簌簌落下，身子也因為哭泣而顫抖。

「東西壞掉可以修理，但是我不要你受傷，好不好？」我說。

小男孩哭得更大聲了。

「你在那邊沒有關係，老師可以靠近你一點嗎？」我說。

小男孩沒有說話，微微點了點頭。

我緩緩地靠近，一直來到他身邊、等待他的情緒逐漸平穩。

「老師陪你一起處理，好嗎？」我說。

小男孩又點點頭，於是我開始引導他討論處理場地的方式。後來小男孩想出「請大家幫忙搜尋散落的碎玻璃、然後由他負責清掃」的策略。

就這樣，所有人都動員了起來。雖然當天原定的課程沒有上完，但所有人卻一起度過了這場意料之外的危機。後來社工員說課程結束之後，小男孩主動表示，要拿自己的小豬撲滿來賠償機構，把窗戶修好，希望以後還可以來這裡上課。

同理心是最好的互動

無論是開心、喜悅、快樂，或者生氣、失落、難過，都是情緒。情緒本身沒有好壞對錯，只是反映個人內在的狀態。

孩子表達出負面情緒時，往往是因為面臨某些困境，內在處於脆弱的狀態。如果大人這時候急著說理、罵人，孩子可能會因為焦慮、害怕，反而採取更激烈的抗拒手段，衝突往往一觸即發。

請記得：當孩子處於脆弱或不穩定的狀態時，「同理」就是最好的陪伴。所以當時在確保其他小朋友的安全之後，我只是持續同理小男孩：

「你不知道該怎麼辦，對嗎？」

「窗戶突然破掉，你也被嚇到了，對嗎？」

「看到窗戶破掉了，你很害怕，不知道該怎麼辦。」

同理孩子的情緒，可以提供他被理解的感受、以及減少面對困境時的孤獨和無助。當孩子覺得被理解、被陪伴，也會因為獲得安全感而逐漸穩定下來。

無論如何，我都會在這裡陪著你

小男孩在遭逢突發事件時，直覺地先把別人推開，把自己孤立起來，這種反應讓周圍的人不知道該如何幫助他，甚至對他感到生氣。縱使誰也不知道小男孩這麼做的原因是什麼。

但是如果我們被孩子的反應激怒，情緒化地把孩子推開說：「好啊！那你就自己看著辦吧！活該！」那麼我們就失去了與孩子攜手合作、共同解決危機的機會。

另外，有些人際關係有創傷的孩子，因為對人不信任，也可能有意（或無意）藉由說反話推開對方，測試你是不是真心想幫助他。如果你因為他的「測試」就對他發脾氣、離他而去，他就會更堅信自己的假設：「你們的關心果然都是假的。」

無論如何，請別在孩子面對困境時袖手旁觀，讓他孤伶伶地獨自面對困境，更不要把他趕走。你或許不需要立刻做些什麼，但可以藉由語言、肢體動作、距離，讓他感受到你的關心。為了讓小男孩感受到我想要陪伴他的意願，我的語言是：

「沒事的，我會在這裡。你也可以繼續待在這裡。」

「東西壞掉可以修理，但是我不要你受傷，好不好？」

「你在那邊沒有關係，老師可以靠近你一點嗎？」

「老師陪你一起處理，好嗎？」

面對問題時，或許是為了保護孩子（擔心孩子受傷），或許是對孩子不夠信任（怕孩子讓事情變得更糟糕），大人會很快直接介入，為孩子設定解決問題的方式。這麼做會剝奪孩子為自己的行為負責的機會，也可能讓孩子感受到自己不被信任。

除非有立即的危險性，否則我通常會邀請孩子一起討論，引導他思考如何處理自己捅出來的簍子。這麼做，不但有機會讓孩子表達自己的想法、學習為自己的行為負起責任，也讓他感覺到自己是一個有能力的人。

因此在小男孩的情緒逐漸穩定之後，我並沒有為了復原場地急著分配大家工作，而是與他討論後續該怎麼處理。當然過程中我還是會適時提供想法讓他參考，最後由他想出「他負責掃地，然後請大家幫忙搜尋遺落的碎玻璃」的策略。另外，我也陪他討論「如何邀請其他小朋友共同來協助」的方法。

讓黑暗的世界綻放一絲曙光

「明明犯了錯，還有什麼理由生氣？」一想到孩子犯了錯，卻擺出尖銳防衛的姿態，可能會讓大人感到不解，甚至討厭這個孩子。

但如果我們從客觀的角度來看，會看到一個「面對突如其來的意外，愣在原地、不讓別人靠近」的孩子。

還記得我說，我在當下突然浮現一個「假設」嗎？這個假設是什麼呢？

如果「不讓別人靠近」是一種自我保護的方式，那麼，為什麼一個孩子在「闖了禍」之後立刻把別人推得遠遠的，而不是尋求他人協助呢？有沒有可能過往只要他闖了禍，就會有可怕的後果接踵而來？於是為了保護自己，闖禍之後就立刻武裝自己，這樣別人就無法靠近他，也無法傷害他。

事後我與社工核對，驗證了我的假設是正確的。

小男孩長期遭受父母暴力對待。過往只要爸媽心情不好，喝了酒，他在家裡總是動輒得咎，挨罵、挨打，甚至挨餓都是家常便飯。在他小小的內心世界深信「大人只會傷害他、處罰他，卻不會幫助他」。因此當他發現自己闖了禍，不僅不知道可以尋求他人協助，還因為害怕被處罰，所以用力把別人推得遠遠的，藉此保護自己。

當然，並不是每一個孩子都會有嚴重的創傷，但是對孩子幼小的心靈而言，這世界上許多事情可能都充滿困難與恐懼。當他們處於脆弱的狀態時，如果身邊的大人能夠提供他適當的陪伴，就能讓孩子獲得歸屬感，擁有繼續面對挑戰的勇氣。

即使是從小就生活在黑暗中的孩子，也會因為你提供他不同於過往的正向互動，讓他的世界綻放一絲曙光。

第10章

提升價值感

帶領家長成長課程時，我經常訪問家長：「在這趟生命旅程中，你最想要帶給孩子的『禮物』是什麼？」我把麥克風傳下去，邀請父母親分享心目中的答案。

起初的回答大多圍繞在「物質」上，好比說一筆存款、不動產、賴以為生的店面、某些傳家之寶……。後來會有家長擔心「留下這些東西，孩子會不會揮霍掉？」於是逐漸有人把焦點放到「能力」上：培養孩子有理財能力、找到真正的興趣、訓練某些求生技能、送孩子去國外念書……等等。

麥克風多傳幾次之後，父母親往往會開始沉澱下來，細細思考：「留下什麼禮物，才能帶給孩子最大的幫助？」

有一次，一位罹癌的單親爸爸來參加學校的親職講座。他說自己正在接受化療，雖然盡力配合療程，但病況卻時好時壞，連醫生也無法給予明確的保證。他說自己渴望的禮物是「時間」，希望陪伴孩子經歷更多生命的階段。而他想要帶給孩子的禮物是什麼呢？

「心理師，萬一……有一天我離開這個世界，我希望當他遇到困難時，有勇氣用健康的方式去面對；當他遇到好的機會時，能夠把握，有好奇心去嘗試；我希望他可以永遠記得，即使未來我不在他身邊，他都是爸爸最疼愛的孩子，希望他能夠懂得如何愛別人，也相信自己值得被善待……。」父親緩緩說著，身旁的家長紅了眼眶。

那一天，教室外頭下著雨。雨絲滴滴答答，輕輕拍打著窗戶。聽著這位父親的分享，我的淚水也在眼眶打轉。

這位父親想要送給孩子的幾個禮物，正是本章要提到的「價值感」。擁有高度價值感的孩子會擁有其中幾項特質：

- 喜歡自己，有自信，以及擁有面對冒險的勇氣。
- 願意從失敗中吸取經驗作為下次挑戰的參考，而不是以失敗來評價自己。
- 能夠享受在探索與努力的過程，而不僅僅是以成果來評價自己。
- 擁有好奇心，喜歡發問、探索，樂於嘗試不同的方法來解決問題。
- 能夠大方接受別人的肯定與批評，也能欣賞與反省自己。
- 能夠接受別人的批評，也能夠過濾掉不必要的攻擊。

我們可以把價值感看成是一個人喜歡自己、相信自己的程度。擁有高自我價值感的孩子會以自我鼓勵來取代自我批評；他們能夠從失敗中學習，也能夠在成功時肯定自己。而這些特質能夠讓求學中的孩子更勇於面對挑戰、建立起正向的自我形象。

想要提升孩子的價值感，我們可以在日常生活中多多留意以下幾件事。

提供孩子有自主權的成長環境

許多研究指出：比起任何事情都必須接受別人的安排，如果能擁有某些為自己做選擇的能力，個人在工作中或學習中的滿意度會更高，願意付出的努力也更多。在親密關係中，相較於每件事情都只由特定一方做決定，如果雙方都能分享自己的想法，共同討論出彼此都滿意的決定，對於關係的滿意度與親密度都會有加分的效果。而這樣的研究結果也被廣泛應用在企業界的人才培訓上，教育界也以此用來提升學生的學習動機。

這幾年來，國內有一群非常熱血的教師致力於推動「翻轉教育」，相較於傳統教學「編列固定的教學大綱、灌輸所有學生相同的學習內容」，他們傾向提供更廣泛的學習範圍，經由特別設計過的教導與學習策略，鼓勵孩子探索並選擇自己有興趣的事物，全心投入學習。

在學習探索與做選擇的過程中，孩子不僅有機會發現自己的需求和喜好，同時運用更主動吸收資訊（而非傳統式地等待他人餵食知識）的態度進行學習。也因為內容是自己所選擇的，所以會更有動力去學習，遇到挫折或障礙時也沒有理由把責任往別人身上推。

在有限的範圍內學習做選擇

不過，兒童與青少年的思考與判斷能力畢竟還不及大人成熟，如果無限制地讓孩子做選擇，結果不全然是好的。這時候，我們就必須依照孩子的年齡與認知能力，設定一個範圍，幫助孩子從中練習做出「有限度的選擇」。

有限度的選擇是指在大人也能允許，或者孩子的能力能夠應付的範圍中，提供幾個選項讓孩子做選擇。就像是駕訓班的汽車在副駕駛座前方，通常會有一個輔助剎車的裝置。在教練認為安全的範圍內，他會開放讓你自由練習，但教練也會視狀況踩下踏板控制剎車，以確保學員的安全。例如：

外食時，讓孩子為自己選擇一道一百元以內喜歡的菜色（價格可以依照你們家的收入或價值觀而定）。雖然我們讓孩子選擇自己喜歡的料理，但範圍則限制在「每一個人點一道且價格一百元以內」的料理。

假日帶孩子上電影院時，鼓勵孩子選擇一部符合其年齡許可的電影。我們既開放孩子選擇自己想看的電影，同時也顧及電影分級制度，所以將範圍限制在「符合孩子年齡」的分級。

與孩子討論週末旅行的地點時，針對家人提出來的幾個地點，再依據實際的預算考量做最終篩選。雖然很多景點都充滿吸引力，但在父母能夠負擔的預算範圍內做選擇，也是幫助孩子學會在自身的能力範圍內做適當的事情。

不過即使你為孩子設定了一些選項，有時候他們也未必能夠順利地從這些選項當中做選擇，原因可能有三個：

一、對選項的內涵不清楚

孩子無法順利做選擇，有可能是處於資訊不充分的困境。他們對於每一個選項的內容是什麼不清楚，也不知道這些選項會帶來什麼好處或壞處。這時候大人可以提供更多的訊息，或者透過討論來協助孩子釐清不清楚的部分，幫助孩子做出更貼近他們需求的選擇。

二、對於選項感到不滿意

雖然你鼓勵孩子做選擇，但眼前的選項都是他不喜歡的。這種狀況往往是因為大人在提供選項時，忽略了孩子的需求或喜好，全然以自己的主觀意識來做安排。如果情況允許，不妨在設定選項的時候邀請孩子共同討論，讓孩子有機會提供意見，一同找出幾個彼此都能夠接受的選項。而這個邀請與共同討論的過程本身，不僅讓孩子感受到你對他的尊重，也有助於建立你們之間正向的連結（同時提升了歸屬感）。

三、魚與熊掌都想獲得

有時候即使孩子擁有足夠的資訊，也很喜歡你提供的選項，但因為「每一個都很想要」而陷入難以取捨的狀態。在這種情況下，孩子可能會顯得猶豫不決，遲遲無法下決定。大人不必為這種情況感到擔心、也避免對孩子貼上「貪心」、「沒主見」的標籤。

你可以提醒孩子還有多少時間可以做選擇，並且同理他的情緒：「要在這麼多喜歡的東西當中做選擇，有一點困難吧？」

假使孩子試探你的底線問：「我可以多選一個嗎？」如果你的原則是只能選一個，那麼你只需要溫和而堅定地回答：「你很希望可以多選一個，對不對？我們這次只能選一個。或許下次你可以嘗試選另外一個。」溫和而堅定的堅持，不僅能夠減少不必要的衝突，也讓孩子學會尊重你的原則。

提升孩子的「自我效能」感

「別讓任何人告訴你，你做不到什麼事情。就算是我也一樣。」[9]

「自我效能」是一個人對於自己有能力可以完成某些任務的主觀信念。

如果有機會到幼稚園或小學低年級的班上觀課，你只要登高一呼：「有誰要當班長？」「有誰會畫畫？」「誰會玩躲避球？」相信很多孩子都會踴躍舉手。但隨著你詢問的對象年紀逐漸增長，舉手的人數就越來越少。

我經常在各個學校對家長與老師演講，這些大人都希望自己的孩子有自信，能夠勇於發問，但是當我在演講當中邀請這些大人提問或分享的時候，通常舉手的情況也是少得可憐。

難道這些孩子不舉手，真的代表他們沒有當班長、繪畫、打球的能力嗎？難道這些沒有舉手的大人真的沒有想法，沒有問題要提問嗎？當然不是的。很多大人現場雖然沒有舉手，但到了中場休息或演講結束以後，就會私底下跑來找我問問題。

之所以如此，與個人的實際能力優劣無關，而是與個人「擔心、害怕自己做得不

9 此句引自電影《當幸福來敲門》（*The Pursuit of Happyness*）。

好」的信念有關。這是因為在成長過程中屢屢遭遇挫敗，發覺現實生活充滿困難後，對自己也越來越沒有信心。

想要提升孩子的自我效能感，有幾個原則供讀者參考：

一、增加體驗的機會

一個人對自己的認識與自信心，是在行動（doing）中慢慢長出來的。提升自我效能感最好的方式，就是讓孩子去感受自己的能力。在生活中開放讓孩子有機會去做事：無論是用自己的方式打掃房子、房間擺設、規劃家庭旅行中的一小段行程、做一道簡單的甜點或料理、獨自從A地買票搭車到B地等等。唯有真正行動，才有機會感受自己的能力。

二、鼓勵孩子在生活中嘗試冒險

這裡的冒險並非高空彈跳、徒步環島或攀登百岳之類的高難度活動，而是試著去做生活中鮮少有機會接觸的事情，或者比自己的發展階段再稍微困難一些的任務。

我的父母因為工作忙碌，小時候我經常都是自己找樂子。學會騎腳踏車之後，就和朋友到處探索新的騎車路線。我們曾經因為躲避野狗而摔車，自行研究出快速修復腳踏車「落鏈」的方式；因為發現村裡的老屋而編造出週記上一連串精彩的鬼故事

（其實只是荒廢的三合院）；用有限的零用錢規劃以最節省的費用搭車到市區逛街的行程。

看在大人的眼裡，這些行為可能都是與課業無關、微不足道的小事，但在孩子的心目中卻是了不起的冒險。正因為我從小就有很多冒險的機會，也奠定了高中開始獨立在外念書與生活的能力，出社會以後背起背包到各縣市，甚至到其他國家演講，對我而言都是充滿趣味的冒險，而不是要適應時差或水土不服的苦差事。

當孩子經由努力之後終於突破自己的限制，隨之而來的成就感、喜悅、能力感往往是無與倫比的。

三、減少告訴他「無法做什麼」

或許是基於保護的心態，我經常聽到大人說服孩子打消某些念頭，放棄某些理想，因為他們相信孩子「一定辦不到」、「很可能會搞砸」。或許大人的想法的確比較實際，但若孩子完全沒有嘗試的機會，或者在努力的過程中不斷地被暗示「自己是沒有能力的」，長期累積下來，很可能會深信自己真的沒有能力，因而自信心不足，不願意接受各種挑戰。請想想看：到底是孩子真的一開始就如大人所說的沒有自信？還是因為太相信大人的話而變得沒有自信？

與其警告孩子「你無法做什麼」，倒不如陪伴孩子一起討論：如何完成這件事情？過程中需要注意些什麼？如何謹慎保護自己？如何擬定更棒的策略？而這個討論的過程也提供你們很好的互動經驗，提升親子關係的歸屬感。

「那萬一孩子在體驗某些事情、嘗試一些冒險的過程中失敗、受挫，會不會反而更沒有自信心呢？」相信這是許多大人的擔憂。

讓孩子適度體驗挫折、從挫折中認識自己的能力與限制、並且重新面對挑戰，這種練習的過程，就像是舉啞鈴或慢跑那樣訓練肌耐力與心肺功能，孩子將會鍛鍊出心理韌性，讓他在面對挫折、困境的時候，擁有更強大的勇氣。

以「內在動機」取代「外在動機」

當孩子表現出符合大人心目中理想的行為時，我們可能會藉由某些獎勵來激勵孩子，希望孩子能夠維持好表現。常見的獎勵包括：額外的零用錢、孩子想要的東西、多玩一個小時的電動，或者口頭上的讚美。以行為心理學的角度來看，這些獎勵的性質都屬於「外在動機」。

雖然獲得這些獎勵的當下令人感到相當興奮、愉悅，但外在動機對於一個人的成長與進步卻有幾個值得留意的部分：

一、物質引發的愉悅感有時效性

獎勵所帶來的愉悅感是暫時性的，一旦消退之後，就降低了讓孩子維持正向行為的意願。

二、渴望更多、更好的獎勵

我們經常誤以為孩子貪得無厭，其實這和大腦與生俱來渴求獎賞的機制有關。唯有每一次的獎賞都比上次來得更多、更昂貴、更美好，才能維持獎勵的效果。因此，當你每次都給予同樣的東西時，孩子就會覺得興趣缺缺、懶得配合。

三、表現好才有機會獲得獎勵

「獎勵」通常是為那些有能力、表現好的孩子設計的，至於表現不如大人期待的孩子，即便再怎麼努力，也可能與獎勵無緣。在這種情況下，有些孩子可能會因為長期的挫折、失落而選擇放棄努力。

而經常獲得獎勵的孩子，也可能變成只是為了獲得外在獎勵而努力，他或許不清楚自己努力的意義是什麼，一旦失去了獎勵，同時也失去了努力的動力。相信這不是你獎勵孩子的初衷，對吧？

如果想要幫助孩子變得更自動自發，並且對自己產生價值感，我們要善用「內在

動機」的力量。內在動機是指一個人能夠發自內心長出想要持續進步、想朝向目標前進的動力，即使在這個努力的過程中困難重重。

想要提升孩子的內在動機，你必須調整過往「論功行賞」的習慣，將重心從孩子的「行為結果」轉移到「行為過程」。你可以試著在生活大大小小的事情當中，練習在孩子身上觀察這些面向：

- 孩子對於某一件事投入的**努力與付出**。
- 面對某一件害怕、不喜歡的事，卻試著鼓起**勇氣**去面對。
- 雖然表現不佳，雖然有些膽怯，卻依舊**堅持**了一段時間。
- 偶爾在某些地方表現出**熱心、為他人著想**的行為。
- 在某些情況下，孩子**例外**地沒有表現出以往的負向行為。
- 孩子對某一件事情的**謹慎與細心**。

當孩子行為過程中的努力、勇氣、堅持、善意……等正向的特質被看見、被肯定的時候，會感受到「自己的付出是有被看見的」、「原來即使有時候我覺得表現得還不夠好，但努力的過程卻是值得被肯定的」，進而長出「再努力看看吧，或許能有更好的結果也說不定」的想法。

這些經驗讓孩子感受到，自己的投入是很棒的選擇（而不是只有表現結果才重要），對於那些在成長過程中各種成績或表現結果不如他人的孩子而言，這種體驗絕對是無價的回饋，因為表現的結果不再是衡量價值的唯一標準，行為的過程也可以讓自己是有能力、有價值的。

看到這裡，相信你會更清楚如何善用「口頭讚美」的技巧，未來當你想要藉由鼓勵來提升孩子的價值感時，配重的百分比可以試著調整為：**用兩分的力氣讚美孩子表現的結果，用八分的力氣肯定孩子在過程中的投入。**

灌輸行動的動力

如果你問我在這麼多演講當中，印象最深刻的講題是什麼？我想都不用想就可以立刻回答你：「教大人如何讓孩子願意打掃。」而且這一堂課還是開在頂尖的國立大學裡。是不是很奇妙？

事情是這樣的，這幾年大學校園裡有一門稱之為「服務學習」的課程，各校的安排不太一樣，但大多數的學校都會期待學生能肩負起打掃部分校園的工作。為此，有些學校的教職員必須分工、擔任該堂課程的指導老師，負責引導和督促學生確實執行打掃工作。不過，大學生對於這種課程安排顯得興趣缺缺。

擔任指導老師的職員很無奈，雖然他們苦口婆心地向學生強調：「學校就像你的家，你有使用當然也要打掃。」「服務是一種態度，未來出社會工作你也要有服務的精神。」但學生對於這些說法顯然不太買單。

大學生的態度是「我上大學不是為了來學如何掃落葉、掃廁所。」「不是有繳學費了嗎？花錢請人來打掃不就好了？」「我在家裡都沒有在打掃，何況這裡又不是我家，我幹嘛要打掃？」「無聊。」

在觀點南轅北轍的情況下，雙方的關係充滿了衝突。不僅學生長期對這堂課充滿抱怨，職員對於要引導學生打掃這件事也覺得很灰心、很無力。「乾脆我們自己來打掃比較快，省得看這群孩子的臉色。」課堂上，有些職員這樣調侃自己。

平心而論，如果今天我的角色是學生，可能也會覺得大學應該是無比自由的地方，為何還要掃地？但如果我的角色是職員，或許也會希望學生能學習感恩、服務的態度，為這個環境貢獻一份心力。這麼一想，好像雙方都有道理，那到底該如何讓這些學生願意打掃校園呢？

想要鬆動這種僵持的局面，我們得先了解以下幾種學生心中的聲音。

一、我為什麼要打掃這個地方？

先別急著搬出「拒絕打掃等於不負責任」的論調，因為這句話充滿了主觀的評價。就像對大多數的現代人而言，「自掃門前雪」或許並不是自私的行為。在人際關係疏離、界線分明的世代，不造成他人的困擾可能是已經難能可貴的美德。更何況如果是住在都市的大樓裡，公共區域都有聘請專人維護，根本不需要住戶自己動手。

我們以客觀的角度來理解這句話，學生想表達的其實是：「我跟這個地方又沒什麼關聯，為什麼要為這個地方付出心力呢？」這句話的內涵可以連結到幸福三元素當中的**歸屬感**。

那麼，我們該如何讓學生與這個地方產生歸屬感呢？我邀請在場的教職員們一起思考這個問題。

有一位職員分享：

我一開始不會急著分配打掃區域和工作，而是帶他們參觀這所學校的各個角落，跟他們分享學校建立的緣由、曾經發生過的重要事件，還包括校友的傑出事蹟、校園流傳的神祕故事，或者各個建築的設計概念等等。讓他們覺得自己選擇的學校很特別，擁有很豐富的故事。學生通常都還滿喜歡這類型的故事，後續來參加這堂課好像就沒有這麼哀怨。

「說故事」是一種很好的方法，可以幫助學生藉由更了解自己所選擇的學校，提升對於學校的認同、拉近與學校之間的距離。

另外有一位職員分享：

我們處室裡有一位資深的職員，他對待辦公室的工讀生很親切，每次都會對這些來打工的學生噓寒問暖，關心他們的生活狀況，偶爾也會分享一些水果或點心給這些在外住宿的學生們。縱使有些學生一開始態度比較冷淡，但後來也都很喜歡這位同仁。有時候其他處室招募不到工讀生，但我們處室從來沒有這個困擾，因為畢業的學長、學姊都會主動鼓勵學弟妹來這裡打工。

雖然這兩位同仁的方法不太一樣，前者是提升學生對於這個地方的認識，後者是提升與學生之間的連結，但者都是很好的策略。重點是先建立起正向的連結，才可能啟動後續合作的關係。

二、我打掃這裡的意義是什麼？

關於這一句話，其實學生真正想說的是：**做這件事情的價值是什麼？**還記得前面提過「以內在動機取代外在動機」的概念嗎？想要鼓勵學生投入於服務學習，我們可以試著幫助學生了解做這件事情可以產生的價值。

例如：修整某些區塊的矮樹叢或雜草可以減少視覺死角，能大幅提升師生夜間在校園活動的安全；清理某個路段上的青苔或落葉，可以確保行經時的人車安全；結合眾人之力在一堂課之內協助的資源回收，等於一位清潔人員好幾天的工作量；維持特定區域的樣貌，可以讓以校園為家的動物擁有安全且適合牠們居住的生態環境。

行有餘力，我們也可以試著將學生的行動、帶來的正向影響以圖片或數據的方式具體化並且公布在適當的平台上，就像是打電動或玩手遊，讓學生獲得更具體的增強與鼓勵。

這種方式就是「為平凡無奇的工作賦予特殊的意義」。

紐約大學教授艾美・瑞茲內斯基（Amy Wrzesniewski）曾經在一項研究中提到，同樣身為醫療場域中的清潔人員，工作內容也有高度的相似性，有些人積極樂觀，有些則是被動且消極。前者通常重視自己的工作，認為清潔可以提升院內人員的健康，是很重要的使命；後者則把自己的職業看成一份低薪且無意義、僅是為了求生存的苦差事。

知道自己的行動可以引發正向的效應，對他人有重要的幫助，才會讓個人覺得自己的行動是有價值的。而這種價值感會讓人感覺到有成就、肯定自己，喜歡做這些事情的自己，這正是提升自我價值的重要來源之一。

三、我幹嘛要做這麼無聊的事情？

你有發現嗎？面對打掃這件事情，大人的態度會變得異常嚴肅，似乎非得用特的方式把某個地方清潔到某種程度，才算是確實打掃。偏偏有時候，打掃真的是很無趣又累人，若不是如此，市面上也不會有越來越多高科技的清潔家電問世。

為什麼打掃只能是乏味且沒有彈性的苦差事呢？

還記得前面提到「自主性」也能讓孩子獲得價值感嗎？在《致富心態》（*The Psychology of Money: Timeless Lessons on Wealth, Greed, and Happiness*）一書中引述了賓州大學行銷學教授約拿・博格（Jonah Berger）一段精彩的論述：

> 人們喜歡感覺自己掌控一切，也就是自己完全作主。當我們試圖要求其他人做事，對方會感覺權利被剝奪。他們不會覺得是自己做出選擇，而是覺得我們要他們去做事。所以就算他們原本會樂於接下這項任務，這時也會說「不要」或是故意唱反調。

面對服務學習這堂課，我們是否也能試著跳脫「督促打掃」的角色，然後以一個在這個學校生活比較久的前輩兼夥伴的角度，鼓勵學生聊一聊關於如何「經營」被分配到的區域。目標不只局限在「如何在某一節課當中，讓這個地方變乾淨」，而是「在修這一堂課，甚至在學期間如何讓這個地方變得更好，以及分享彼此對於『好』的想像是什麼」。

實際執行時，或許可以讓學生分成小組，在不同的時間點各自進行區域的清理行動；或許是由學生設計各種宣傳，提升全校師生對於該區域的維護意識；或許是透過文字或影片，呈現出這塊區域在他們的經營過程中，逐漸變化的歷程。

藉由討論，讓學生有機會參與討論與決定的過程，而不只是被決定。透過這種模式，讓學生成為合作的夥伴，而不是停留在被學校強迫去打掃的被害者角色。

你希望孩子學會什麼？

學生口中那三句讓人發火的回應，其實也正是與他們建立合作關係的契機。藉由賦予歸屬感來開啟合作的大門，接著幫助學生看見他們的行動帶來的正面效應，以及透過自主性的賦予，進而讓他們感受到自己的價值感。幫助學生在行動的過程中更喜歡自己，並且長出願意去做這件事情的內在動機。

不過，大人們心裡可能還關心兩件事，而你看待這兩件事情的觀點，也攸關是否能與這群學生建立起合作的關係。

一、這麼做，所有的學生就會乖乖打掃了嗎？

老實說，我覺得並不會。

無論如何，一定都會有蹺課、不認真打掃的同學，這或許跟他的個人特質有關，而跟你這堂課上得好不好無關。即便是教學再怎麼精彩的教室裡，一定也會有蹺課或睡覺的學生。儘管如此，一定還是有多數學生從你的課堂中學習許多。我們的目標並不是要每一個人都能認真，而是期待大多數的學生能夠從中獲得學習。

二、這麼做，就會打掃得比較乾淨嗎？

事實上，我覺得也未必。

但如果學生願意自主性地討論、自發性地行動，在服務學習的課程中逐漸長出愛護周遭環境的態度，能夠從付出與行動的過程中獲得價值感，從「學習」的意義來看，我認為是比把地掃乾淨還要更重要的事情。

第11章

建立希望感

爬過山的人都有過這種經驗：每當你走到上氣不接下氣、想放棄的時候，迎面而來的回程山友都會鼓勵你：「加油，再走一下下就到了！」「已經快完成了，只剩一小段而已。」「上面真的很漂亮，一定要上去看看。」

有經驗的人都知道，「再一下下」、「只剩一小段」往往不是真的，因為沿途遇到的每一個人都講同樣的話，加上汗水已經浸溼衣服，腳底也冒出大大小小的水泡。有好多次，你的心裡不免浮現「算了，到這裡就好」、「早知道就待在家裡看電視」之類的想法。

即使如此，我們依舊能從他人善意的語言中獲得滿滿的鼓勵，也都渴望站在高點上欣賞漂亮的風景。所以就算早已筋疲力盡，你依舊努力調整呼吸，邁出下一步，堅持爬到頂峰。可是你有發現嗎？當你終於矗立在制高點上欣賞美景的那一刻，其實，內心的感動有一大部分是來自於超越困難、挑戰自我的成就感。所以就算你覺得疲憊不堪，但下一次，你又會莫名其妙地踏上另一趟登山的旅程。

生命何嘗不是如此？人生要面臨的挑戰與困境難以計數，支撐我們走下去的，除了他人的鼓勵、想欣賞壯闊美景的念頭之外，還包含了超越自己、挑戰困難的渴望。

本書的最後一章，我要與身為父母或老師的你聊一聊，如何在孩子面對困境的時候，提供他們適當的鼓勵；當孩子因為挫折而害怕前進、對自己感到懷疑時，如何幫助他們設定適當的目標，重新燃起對自己、對未來的希望感。

希望感指引著未來的方向

希望感是個人與未來的連結，也就是個人對未來抱持的想像與期待。擁有希望感的孩子可能會有這些特質：

- 對未來充滿積極、正面的態度，對生活抱持樂觀的想像。
- 希望自己未來可以達成某些成就，並為他人帶來幫助。
- 願意為自己設定合適的目標，並嘗試挑戰、超越自己。
- 擁有開放學習的態度，願意嘗試接觸不同的領域，開發不同的興趣。
- 具備成長型思維，樂於在各個方面自主學習、持續成長。

・面對挫折也會感到失落沮喪，但不至於陷入長期無望的憂鬱

希望感就像在夜空中協助我們定位的星星，也像是茫茫大海中明亮的燈塔，指引著我們行動的方向，讓我們在浩瀚的世界與充滿未知的生涯中，獲得行動的依循。

希望感是人類與生俱來的天性。大多數兒童打從清晨睜開眼睛的那一刻，就期待著當天的早餐；期待搭著父母的車子兜風（就算只是在熟悉的路線晃晃）；期待到學校要參與的活動，期待假日或節慶與家人一起共度的時光。生活中每一件大大小小的事，對他們而言都充滿希望與美好，他們帶著喜悅與期待迎接每個即將到來的時刻。

可是隨著成長過程中各種挑戰增加，像是課業或工作的難度提升、人際互動趨於複雜，孩子逐漸感受到自身能力的限制，體會到不是每一件事情只要想要就能做得到。當希望感開始被挫折所取代，有些孩子會為自己重新設定比較符合現實的目標，並且努力朝向目標前進；有些孩子則是選擇怨天尤人、放棄努力。

你注意過這些現象嗎？

・教室裡的學生每天趴在桌上睡覺，完全感受不到上學的意義。
・大學畢業的青年，每天待在家裡哪兒也不去，缺乏工作的意願，也不知道要找什麼工作。

・短時間內頻繁更換工作，對社會與職場充滿批評，覺得別人都愧對他，抱怨自己有志難伸。
・對於生活現況感到不滿，卻又拒絕持續學習，拒絕嘗試以行動來改變現況。對於「努力才能獲得更好的生活」嗤之以鼻。

缺乏希望感的人，成天把「無所謂」、「都可以」、「你決定就好」掛在嘴邊，他們無法（或拒絕）為自己做選擇，因為不清楚自己需要什麼、喜歡（或討厭）什麼、擅長（或不擅長）什麼。

當孩子缺乏希望感，很可能導致他們在學習、人際、生活等各方面呈現消極、放棄的狀態，嚴重的話，還可能伴隨憂鬱或自殺的意念。

幫助孩子建立希望感

提到幫助孩子建立希望感的策略，我以一種娛樂現象來舉例。

台灣這幾年的街道隨處可見「娃娃機」的身影。就算你沒有實際玩過，應該也見過娃娃機的。現在，我要邀請你想像一下：站在一台娃娃機前面，哪些情況會誘使玩家迫不及待地持續投幣、一玩再玩？請在你認為會吸引玩家持續投幣的選項前打勾。

（　）一、機台裡有自己喜歡的物品，包裝精美且字體印刷清楚。
（　）二、機台裡沒有自己喜歡的東西，或者包裝印刷模糊不清。
（　）三、物品離洞口很遙遠。
（　）四、物品就在洞口附近。
（　）五、操作簡單，每一次都有機會把物品拉近洞口。
（　）六、操作困難，連續試了好幾次還無法讓爪子碰到物品。

如果沒有意外，大部分讀者的答案應該是：一、四、五。因為這三種情況能夠讓玩家清楚知道自己正在抓取的物品（尤其是自己想要的東西），遊戲的過程不至於太困難，而且每一次嘗試之後都能清楚知道行動的結果。這三個選項正好是建構希望感不可或缺的要素：目標明確、行動簡單、具體回饋。

設定明確的目標

目標是行動的導引。有具體明確的目標，才能幫助孩子清楚要往哪個方向前進。很多時候我們總覺得孩子不聽話、不努力，但那很可能是因為孩子從我們身上接收到的指令或期待不夠明確。好比說你期待孩子可以更「認真一點」、「聽話一些」、

「體貼一點」，這些話聽起來雖然很熟悉，但孩子在執行上卻面臨兩個困難。

一是「方法」：如何做才算是認真、聽話、體貼？二是「程度」：做到什麼程度才能成為你心目中的認真、聽話、體貼？而你可以接受的程度，你的另一半也可以接受嗎？如果父母兩人期待的程度不同，那孩子到底要聽誰的？再者，如果孩子覺得自己真的已經努力了，但大人卻還不滿意，那麼孩子的努力到底算不算數？

所以當我們引導孩子設定行動的目標時，需要考量幾個部分：

一、定義明確

盡可能讓目標的定義清楚、明確，才能讓孩子清楚知道你期待他「做什麼」，好比說：

- 以「借東西之前要取得對方同意」取代「誠實才是美德」。
- 以「晚上十點前要回到家」取代「早點回家」。
- 以「週六晚餐飯後負責洗所有碗盤」取代「自動自發」。
- 以「週日為自己的房間地板拖地」取代「愛乾淨」。

二、可以衡量

盡可能讓目標行為數據化，幫助孩子知道自己該「做到什麼程度」，好比說：

- 以「下次段考總分進步十分」取代「再進步一些」。
- 以「本週有三天要自己洗便當盒」取代「獨立一點」。
- 以「每天晚上十點上床睡覺、六點半起床」取代「早睡早起」。
- 以「只有晚上六點前可以看電視」取代「少看一點電視」。

三、善用小目標的威力

為什麼當大人苦口婆心地告訴孩子「現在如果不努力讀書，未來找不到好工作」時，孩子通常不太甩你呢？因為這個目標距離他們太遙遠、太空泛，以致於無法讓孩子感受到迫切感，也覺得跟自身沒什麼相關。

因此當我們想要陪伴孩子設定目標時，就需要將大目標切割成短期可以達成的小目標，幫助孩子了解「可以從什麼事情開始做起」，例如：

- 面對需要調整飲食的孩子，以「每一天少喝一杯手搖飲料」取代「完全無糖飲食」。
- 面對長期缺交作業的學生，以「今天先寫完十個國語生字」取代「一次寫完所有作業」。

・面對沒有習慣運動的孩子，以「三餐飯後散步操場三圈」取代「每天都要跑三公里」。

簡單的行動策略

《原子習慣》（*Atomic Habits*）的作者詹姆士・克利爾（James Clear）鼓勵讀者：「只要你願意堅持多年，起初看似微不足道的改變終將會像以複利計算一樣滾利，滾出非比尋常的結果。」然而萬事起頭難，別說是孩子，即便是身為大人的我們也經常陷在想要改變壞習慣、建立新行為的初期遭遇困難而放棄的循環中。

可別因此貶低自己或孩子，因為「抗拒新行為、依賴舊行為」是大腦很重要的生存策略。沿用雖然不好（卻熟悉）的行為，遠比練習陌生（但可能對生活比較有利）的新行為來得省力許多。

在久遠以前的原始生活中，人們必須時時刻刻提高警覺，避免成為被其他猛獸獵食的對象。因此除了狩獵之外，盡可能採取熟悉的行動、走熟悉的路線，依循慣性的行為模式是為了保存體力、保護自己。但是現在的生活不同於以往，生活情境變得更多元，工作任務也更複雜，我們需要持續調整不適當的習慣，建立新的行為模式來提升因應生活的能力。正因為改變不容易，所以我們更需要透過一些策略，讓步驟簡單化、陪伴孩子建立新的行為。

一、從簡單的任務做起

缺乏希望感的人對失敗相當敏感，他們害怕設定目標，因為目標往往等同於帶來挫敗，也映照出自己的無能為力。因此「從簡單的事情做起」是最理想的策略。這部分可以先參考前面提到的「將一個遠大的目標切割成小目標」，接著再將切割出來的數個小目標由簡單到困難依序排列。從簡單的部分做起，一但成功就會帶來成就感，並且逐漸累積成「我的確有能力朝著目標前進」的希望感。

二、從此刻就開始行動

相信你對於「減肥永遠是明天的事」這句話不陌生吧？但是我要告訴你更殘酷的事實：「明天永遠不會有減肥這件事。」

「等一下」是雖迷人卻無益的口頭禪，缺乏希望感的人經常藉由拖延來避免面對失敗，因此如果想要改變，最好的策略就是「現在就開始執行」：今晚就不吃消夜；今晚就動手寫完一科作業；現在就閱讀一頁昨天買的書。

三、建立明確的行動計劃

為了避免大腦「抗拒去做不熟悉的事情」，你必須讓事情的輪廓變得更具體、更清楚，說服大腦「這件事情其實沒有你所想的這麼陌生，就去做做看吧」。如果想要幫助孩子建立新行為，記得加入時間、地點、具體方式。例如：

- 今天晚上八點，你要待在自己的書桌前，開始寫作業。

- 明天下午五點，我會開車到孩子的校門口，接孩子回家。

- 明天早上七點，請你帶著自己的背包在家門口集合、準備出門。

依據這個原則，你可以邀請孩子將具體的行為計劃清楚地複誦出來，這樣不僅能夠確保他真的知道新行為的內容，複誦的過程也能深化這件事情在他腦海裡的記憶。但請記得：請在孩子也樂意的情況下進行邀請，而不是強硬地要求：「你給我說幾次！」這樣就成了另一種懲罰，不僅無助於希望感的建立，也破壞了歸屬感。

四、移除不必要的干擾物

人類的注意力是有限的，一旦關注某些事情，就很難專注在另一件事情。《任何人都適用的完美學習法》（완벽한 공부법）就提醒人們應盡量避免「多工模式」，因

為多重訊息對學習帶來的干擾遠遠大於幫助。想要建立一項新的行為，必須盡可能移除環境中的干擾因子：

- 想要開始好好休息、認真閱讀，就把手機或電腦放在臥室與書房外。
- 想要啟動健康飲食，就不要在顯而易見的地方擺放各種甜點和零食。
- 想練習與孩子專心談話，請一次只討論一件事（其他話題會成為干擾源）。
- 想營造溫馨放鬆的餐桌時光，請在用餐時關掉電視，避免說教、罵人等行為。

五、身教是最重要的示範

著名的加拿大心理學家班度拉（Albert Bandura）強調，觀察學習是人們學習的重要途徑之一。對兒童而言，家庭教育遠比學校老師來得更早、也更重要。父母親教養孩子的時候，除了言教之外，孩子也會透過你們的身教而產生潛移默化的學習。

我曾在學校輔導一位經常把髒話掛在嘴邊的青少年，當他的父親來到學校開口對孩子飆罵的那一剎那，在場所有人就明白原因了。所以如果你期待孩子能夠有某些正向的表現，不妨從你自己、與伴侶的互動開始練習做示範：

- 如果你期待孩子培養閱讀的習慣，父母能否也撥出一段時間關掉電視與手機，陪孩子一起閱讀，就算是讀報紙、翻雜誌也行。

- 如果你希望孩子勇於認錯，那你最好能在親密關係或親子關係中示範真誠的道歉與反省。
- 如果你希望孩子能夠正向看待挫折，那麼當孩子表現得不如預期時，你是否能陪伴孩子的情緒、從中找出值得學習的經驗，而不只是批評或說教？

回饋是關鍵因素

設定明確的目標、也找出簡單的行動策略之後，**還必須幫助孩子看見行動之後的回饋：也就是付出的努力究竟是讓自己更靠近目標？還是遠離目標？**如此才讓孩子知道是否該調整行動，並且灌注孩子持續行動的動力。想要幫助孩子在行為之後獲得正向、有影響力的酬賞，在回應孩子的行為時要注意幾個重要原則：

一、立即的回饋效果較佳

人類的大腦期待獲得酬賞，有酬賞才會讓人更願意持續投入在某件事情。但是，如果這個酬賞來得太慢、甚至慢到個人不知道這個酬賞的來由是什麼，就失去酬賞的功用了。因此在大多數情境下，立即性的回饋效果是最明顯的，在孩子有好表現或進步的當下，給予其明確具體的鼓勵，能夠讓孩子感覺到被關注、也幫助他清楚知道自己何以被肯定。

二、指出具體的正向行為

《正向聚焦》的作者陳志恆心理師強調，比起抽象且空泛的讚美，指出孩子具體的行為並加上正面評價，能有效讓孩子清楚知道自己被肯定的態度與行為。好比說：

- 謝謝你這幾天主動洗碗，你真的很體貼。
- 我發現你雖然害怕，卻還是能上台自我介紹，相當有勇氣！
- 我看到你為了這個家付出許多心力，真的很了不起。
- 我發現你出門前都會隨手關燈、檢查門窗，真的很細心。

而這些句子都是由兩個小句子組合而成：**對行為具體的觀察＋正向評價**。

三、與以前的自己做比較

雖然大多數的時候我都不鼓勵使用「比較」這個行為，但有一個狀況卻能夠發揮比較很好的效果，那就是當你發現孩子現在的表現比起以往更進步。這時候千萬不要認為「這一切都是理所當然，沒什麼好講的」、「肯定了就不會有進步的空間」，相反地，你應該把握這個機會好好善用「自我比較」，讓孩子感受到自己內在正向的動力，也讓他對未來的行動更有希望感。

與前一個技巧相似的是，想要藉由比較的技巧來鼓勵孩子時，你可以**指出孩子具體進步的地方，然後加上一句正向的評價**。例如：

- 我發現你寫作業的時候比以前更專心也更主動了。你是怎麼辦到的呢？
- 我發現你現在更願意幫助別人，覺得你很有正義感。
- 比起以前，我覺得現在的你很溫柔，也願意好好說出自己的想法，與你聊天很開心呢。

這裡要注意的是，當你拿孩子目前的表現與他以前的表現做比較時，態度必須是真誠的，也就是你是真心欣賞現在的他，而不是暗諷以前的他不夠好，也不是在暗示他「以後也要繼續進步，不可以偷懶」。

唯有實際行動，才有機會獲得成就感，從失敗中持續成長。從現在開始就透過有效的策略幫助孩子啟動新的行為，從小地方開始慢慢累積希望感。

我們比自己想像的還有能力

許多前來諮商的人，核心的原因不是因為沒有能力，也不是因為不努力，而是因為充滿了挫折。在親密關係、親子教養、學校或職場當中，一次又一次的挫折，讓他們自我懷疑，不僅越來越沒有自信，也對於未來失去了希望感。

挫敗的孩子可能會說：「我不想再努力了，反正努力念書也考不好。」

挫敗的父母可能會說：「隨便他吧，這孩子我已經管不動了。」

挫敗的老師可能會說：「反正這個學生再一年就畢業了，我不想跟他的父母有任何接觸。」

這些人其實一點都不脆弱、也不任性，只是，他們可能在過往的生活中累積了太多挫折感，因為害怕受傷而喪失希望感、也失去持續前進的動力。

對於求助的矛盾心情

多年前我曾擔任國中校園的心理師，輔導那些讓導師覺得頭疼的青少年。每次我在與新接觸的學生談話之前，通常會先邀請導師來輔導室簡單說明學生的狀況。大多數的老師會抱怨學生的行為，也表達自己的無能為力，起初我就只是聽、作筆記，然後就準備開始跟這個學生談話。

直到後來，我逐漸察覺到有一種很微妙的現象，在我跟導師談話的過程中發生。我發現當我答應要輔導這個學生的時候，導師們通常會鬆一口氣，但我也在某些老師的身上，同時嗅到一股失落與挫折的氣息。

「這是怎麼了？」我心裡產生大大的問號。「既然學生讓你這麼頭痛，送到我這裡來，你應該是放鬆許多才是啊。」

後來我才理解：當我以專家的姿態，答應協助他們輔導這個孩子的同時，這個大人（包括老師或父母），很可能同時也產生「唉，原來我真的不懂教養」的挫折感。這麼一來，又更削弱他們對於自己在教養上的希望感。

同理，當孩子呈現放棄的姿態時，大人求好心切地說道理、給建議，也等於再次告訴他「你的想法是錯的，你的能力不好，難怪會失敗。」孩子接收到這些隱微的訊息，當然無法長出希望感。

那麼，我們該如何幫助這些充滿挫折、失去希望感的孩子或大人呢？

我決定改變過往與這些大人互動的方式。

Step 1 **欣賞努力**

「等等，」我說：「我很樂意與你一起幫助這個孩子，不過，我想邀請你跟我分享一下，對於這個孩子，過去你用過哪些輔導或教養的策略呢？」

眼前的大人似乎愣住了，他們心裡可能想著：「這件事情重要嗎？不就是因為都沒有效，我才來找你的嗎？」

「我需要你**幫我這個忙**，這樣我才可以對這孩子更了解一些，也比較清楚可以採取哪些策略。」看見大人的困惑，我再次表達我的誠意。

大人們「不疑有他」，開始講起過去陪伴這個孩子的用心和策略……，我一邊聽、一邊露出讚嘆的表情，不時還將大人做過的「某些事情」寫在小冊子上。說也奇怪，原本充滿抱怨、深感無力的大人，當他們在敘說曾經付出的努力時，不自覺變得比較有活力。

在這裡，我用了三個技巧讓原本覺得無力的大人獲得些許信心：

一、「請你幫我一個忙」：因為有你的幫忙，我才能更了解你的學生（孩子）、才能讓輔導更有效。所以你是有能力的、你的經驗也是重要的。

二、人們在敘說自己的努力與用心時，會感覺到自己的能力與價值。重點不僅僅是教養的成果如何，而是自己一直都是很努力的大人。

三、還有另一個因素，就是我以充滿讚嘆和佩服的表情聽對方說話，並且刻意寫下他做過的事情，這會讓對方覺得自己是被敬佩的，並感受到自己的價值。

光是這樣還不夠，當一個人重新擁有自信心的時候，我們可以再加把勁，讓他長出希望感。

Step 2 萃取成果

前面提到傾聽的時候，我在小冊子上記錄「某些事情」，我寫的是他曾經做過的正向行為，或者其實挺有成效的行動。

當人們感到憂鬱或無力，經常會全面性地否定自己，不僅忽略自己有某些部分處理得還不錯，也忽視了對方的進步。另外，有些行動的成效需要一段時間才能發酵、被看見，可是人們往往在這些成效還沒出現之前，就先斷定自己的努力是無用的。

這時候，我通常會陪伴對方釐清：「在你曾經做過的努力當中，有哪些對於事情是有幫助的？哪些沒有幫助？有哪些行為雖然沒有明顯的成效，但至少對於事情沒有負面影響？」無效的行為就避免重複，並且從有效的行為中汲取成功經驗、加以運用到其他層面。

我認為曾經做過的努力都是值得被重視的，無論是多麼微小的改變或成效，只要被看見、善加運用，都有可能累積成可觀的效應。

但是，受挫的大人或孩子經常直覺地回答：「沒有，我做的都是沒效的。」這時候就需要用到本書第一部分提到的精神：

- **降低標籤的影響**：練習撕下「我沒有能力」的標籤，看見自己的努力、做得好的部分。
- **用理解取代評價**：理解彼此為何會有這些行為、情緒，同時也減少過往慣性的自我批評、貶低。
- **練習正向的觀點**：避免用「全有全無」的觀點來看事情；看見行動過程中的收穫；不要只是以結果來衡量自己的價值，另外，也要重視曾經有過的成功經驗（縱使只是微小的成功經驗）。

「我怎麼都沒有發現呢？」「我以為自己的努力都是無效的。」有時候對方會露出驚訝的表情，彷彿從來不知道自己曾經做過這麼重要的事情，有些人則是有些不好意思：他們本來覺得自己很糟糕，沒想到事實並非如此。

談話至此，雖然我還沒有提供任何建議，卻已經幫助對方找到他們自身的資源。當一個人感覺到自己有能力、也做了許多正確且重要的行動之後，才有可能會有繼續往前的動力。

Step 3 長出希望

當一個人逐漸擺脫挫折、恢復行動力之後，接下來的重點就是「如何行動？朝什麼方向行動？」此時我們可以運用這一章學到的內容：

一、設定明確的目標

- 定義清楚：下課後再找他來辦公室談話，避免在課堂上與他針鋒相對。
- 可以衡量：我會提醒自己，下次想罵人時先深呼吸一分鐘，然後再開口。
- 從小目標開始：今天，我要練習找到我和孩子身上的一個優點。

二、找出簡單的行動策略

- 從簡單的做起：先從提醒自己深呼吸開始，試著緩解生氣的情緒。
- 從此刻就開始：等等回到班上，我就會開始練習今天討論的策略。

- 建立明確計畫：明天早上十點，我會在我的辦公室撥一通電話給他的父親，討論他在英文課堂上說話的行為。
- 移除不必要的干擾物：我會請該位學生到我的辦公室一對一談話，避免班上同學在一旁起鬨。
- 身教是重要的示範：如果我不喜歡孩子說髒話、話中帶刺，那麼我也要練習用正向、友善的語言和對方溝通，作為孩子的示範。

三、練習看見改變，從而獲得回饋

- 當我沒有講出難聽的話時，孩子頂嘴的次數也減少了。
- 我表達想法之後，雖然對方沒有回應，但他有去做我期待他做的事情。
- 我剛剛撥了電話給那位家長，雖然還是會緊張，但我清楚說出了想說的話。
- 我發現當我就事論事時，對方的情緒並沒有像以往那麼激動。
- 我在班上和學生討論了關於霸凌的事件，我覺得自己比以前有勇氣。
- 比起以前，現在的我更能夠面對孩子或學生的開玩笑，我比較不容易受傷、反應也更敏捷了。

帶著希望，再次出發

藉由這一套調整過後的談話策略，我發現許多老師跟我談完話之後，紛紛表示願意再試著輔導這個學生，也有勇氣與家長談話。有些父母則是在談完話之後，表示願意持續調整自己的溝通方式，重新探索親子互動的策略。

「原來還可以這樣做啊？那我再去努力看看。」

「對呀，先試試看！反正我都會在這裡，如果遇到什麼困難，歡迎你們隨時來找我聊一聊。」

這一套策略無論對大人，或是對孩子，都是可以使用的。

看著他們走出諮商室的身影，我感覺到他們的步伐輕盈許多、臉上的線條也比剛進來與我談話時更加放鬆。我相信此刻的他們在面對生活中的挑戰時，心中擁有的勇氣與希望感也比過去更加堅韌！

附錄

開啟正向對話的100個句子

想要真正學會一件事，最重要的原則就是把你所理解到的內容實際運用在生活中。在讀完這本書之後，我希望能夠為你們的親子關係／師生關係帶來實質的改變。

在關係當中，「對話」無疑是最主要的互動方式。當你能夠清楚具體地表達內在的想法、提出適合當下的問句，不僅可以幫助孩子釐清他的內在狀態，也能提升你們之間的關係品質。

在這本書中我使用了許多提問的技巧，因此在本書的最後，我列出親子／師生互動時常見的九種情境，並且整理出十一種因應的對話句型。

每一個問句都有簡單且清楚的架構，且為了方便你理解如何應用，我示範了一百個對話的問句。這些問句不僅能使用在孩子身上，也能夠使用在你希望能拉近距離、提升關係品質的對象身上。

掌握了這些句子的結構之後，我相信你絕對能夠突破這一百個句子，創造出更多屬於你與孩子之間的正向對話。

情境一：幫助孩子探索／長出對某件事情的想法

【句型一】關於這件事情，＿＿＿＿＿＿＿＿。

①你覺得誰的行為是適當的？原因是……？
②你覺得誰的行為並不適當？原因是……？
③你覺得誰該道歉？如何道歉比較適當？
④你覺得自己的責任是什麼？可以如何調整？
⑤這裡面有誰你覺得值得學習？
⑥你最欣賞誰的處理方式？
⑦你們班的同學中，你最喜歡誰的行為？
⑧老師是怎麼說的呢？
⑨你同意老師的哪些說法，同意的是什麼？
⑩你不同意老師的哪些說法？原因是什麼？
⑪你猜，為什麼老師會這麼說呢？
⑫我們剛剛討論的內容，哪些讓你印象深刻？

情境二：幫助孩子覺察他對某件事情的感受

【句型二】面對這件事情，＿＿＿＿＿＿＿＿。

⑬你當時的心情如何？
⑭你是不是覺得（加上某個情緒，例如：委屈、生氣、開心、難過）？
⑮那個時候有人了解你的心情嗎？
⑯你最希望被理解的是什麼呢？
⑰現在想起來，你的感受怎麼樣呢？
⑱你最在意的部分是什麼？
⑲之所以有這種心情，是因為想到什麼呢？
⑳如果要讓心情好一些，你希望怎麼做？
㉑我剛剛說的幾個情緒當中，有哪些符合你的心情呢？

情境三：幫助孩子覺察／反思曾經採取過的行動

【句型三】面對這件事情，＿＿＿＿＿＿＿＿。

㉒你用的行為哪些有效？

㉓你用的行為哪些無效？

㉔你的解決方式從哪裡學來的？

㉕你滿意自己的解決方式嗎？滿意的是什麼？還可以調整的是什麼？

㉖你之所以這麼做，是因為想到了什麼？

㉗你欣賞誰的解決方式？

㉘你覺得誰來解決，結果會更好？

㉙除此之外，還有沒有想到其他方式？

㉚你需要我提供一些意見嗎？

㉛在我剛剛提到的方法當中，有哪些你可能會去試試看？

情境四：幫助孩子思考／發展出更適當的行動策略

【句型四】未來如果再次遇到這件事情，＿＿＿＿＿＿＿＿。

㉜你會有什麼想法？

㉝你覺得自己可以如何因應？

㉞以前曾經使用過的方式當中，哪些適合再次派上用場？

㉟你覺得怎麼做可能對事情沒幫助？

㊱你覺得自己有把握的是……？
㊲你覺得沒有把握的是……？
㊳你希望我們可以幫你哪些部分呢？
㊴你覺得可以找誰來幫助你？
㊵需要幫忙的時候，你會怎麼請求別人的協助？
㊶怎麼說話，別人會更願意幫助你？
㊷如果別人找你幫忙，你能夠幫的是什麼？
㊸如果別人找你幫忙，你不願意幫的是什麼？原因是……？

情境五：鼓勵，提升孩子持續行動的意願

【句型五】先提出困境或劣勢，再指出孩子正向的表現。

㊹所有人都跑出去玩了，你卻能堅持完成掃地工作。
㊺不管朋友怎麼做，你似乎就是能堅持不跟著欺負同學。
㊻就算快遲到了，你還是願意幫助需要幫助的人。
㊼即使今天的點心只有一些，你還是願意與弟弟妹妹分享。
㊽就算沒人發現你撿到這個皮夾，你還是誠實地拿到警察局。

(49)即使被誤會了，你還是能冷靜地說出自己的想法。
(50)我們減少了對你的規範，你卻越來越能夠自動自發。
(51)老師沒有注意到改錯的地方，你卻主動把多加的分數還給老師。

【句型六】具體指出孩子比過往進步的行為。

(52)你現在的字寫得比之前更工整呢！
(53)我發現比起以前，現在的你能主動分攤家事。
(54)老師說你現在更願意幫助別人，覺得你很有正義感。
(55)現在的你比以前更能夠好好說話，清楚表達自己的想法。
(56)現在的你比以前情緒更穩定了。
(57)比起以前，現在的你不需要催促，自己就能起床、準備上學。
(58)現在的你更懂得儲蓄、也更能好好規劃零用錢的用法。
(59)你比以前更懂得整理和布置自己的房間呢！

【句型七】「為什麼」要用在正向的情境中。

(60)面對這麼困難的任務，你為什麼還能如此堅持呢？

61 雖然被誤解，為什麼你還是願意認真說出你的想法呢？
62 為什麼身體不舒服，你依舊能夠來上學呢？
63 為什麼當別人都去玩了，你還能堅持把自己的工作做完呢？
64 為什麼這次的比賽對你這麼重要呢？
65 為什麼在這麼緊張的情況下，你還能冷靜思考呢？
66 為什麼當大家都沉默時，你能勇敢說出自己的想法呢？

情境六：同理，幫助孩子覺察情緒、覺得被你理解

【句型八】客觀描述事實＋反應情緒。

67 當同學故意離你遠遠的時候，你應該很難過吧？
68 班上的同學忘了你的生日，你是不是很失望呢？
69 當你用心讀書、成績卻又不如預期，是不是很灰心？
70 當你努力解釋、爸媽卻還是無法了解你，你是否很生氣？
71 當大家都嘲笑你的家人時，你是不是滿難受的？
72 當你知道狗狗死掉的時候，心裡一定很難過。
73 想到去學校可能會被欺負，你是不是很害怕呢？

(74)當你放學後發現爸媽又忘了來接你，是不是又無奈、又生氣呢？

(75)當你發現東西不見了，是不是很慌張呢？

(76)知道自己終於上榜了，你一定很開心吧！

情境七：具體傳達出你的關心與期待

【句型九】同理孩子的情緒（或需求）＋具體說出你期待孩子表現的行為。

(77)我知道你很害怕，但如果你可以好好講，我才知道怎麼幫助你。

(78)我知道你想在外面多玩一下，如果你先打電話回家，我們會比較放心。

(79)我知道你想要這個玩具，但如果你禮貌地跟我說，我會比較樂意借給你。

(80)我知道你現在很難過，等你想講話時，隨時都可以來找我聊聊。

(81)我知道你在生我的氣，如果你願意告訴我，我才知道怎麼調整我的行為。

(82)我想你可能不知道該如何表達，我們坐下來好好聊聊可以嗎？

(83)我知道你累了，也覺得很無奈，但這件事情很重要，我們再花三分鐘討論一下，可以嗎？

情境八：溫和地猜測孩子行為背後的目標

【句型十】客觀地描述事實＋溫和地說出你猜測的目標。

⑭我發現你回家後一直跟在我旁邊，你是不是有話要跟我說呢？
⑮這幾次老師說你考試時看別人的答案，你想獲得好成績嗎？還是你擔心考壞了會被處罰呢？
⑯我發現你這幾次打架是因為同學笑你的家人，你是想要停止他們這種行為嗎？
⑰你沉默不說話，是害怕大人知道以後會罵你嗎？
⑱你把點心打包起來，是想帶回去和家人分享嗎？
⑲你沒有邀同學來參加你的生日宴會，是擔心他們會拒絕你嗎？
⑳你好像有話想說、卻又說不出口，是不是發生什麼事了呢？

情境九：協助孩子覺察內在的困境

【句型十一】指出孩子內在的需求＋面臨的困境。

㉑你想和朋友一起去逛街，但又擔心他們會拒絕你，是嗎？
㉒你很希望交到朋友，但又不知道該如何跟別人互動。

㉝你心裡其實很自責，卻又不好意思向對方道歉。
㉞你不是不想靠近父母，只是不知道要跟他們聊什麼。
㉟每次當你想跟別人玩的時候，卻總是被誤解成是要打人，對嗎？
㊱你好想鼓起勇氣向老師說出事實，卻又擔心班上的同學會生氣。
㊲你想要買這個東西，但不好意思說出口，是嗎？
㊳你其實很難過，卻又不敢讓眼淚掉下來，是嗎？
㊴你想要為球隊多拿一些分數，無奈當時腳受傷、心有餘而力不足。
⑩⓪你其實也想乖乖聽話，但你經常不知道大人的標準是什麼，對嗎？

說不出口的，更需要被聽懂

11 個暖心對話練習，走進孩子的心

作者——胡展誥
封面・內頁繪圖——林柏辰

主編——林孜懃
封面設計——謝佳穎
內頁設計排版——陳春惠
行銷企劃——鍾曼靈
出版一部總編輯暨總監——王明雪

發行人——王榮文
出版發行——遠流出版事業股份有限公司
臺北市中山北路一段 11 號 13 樓
電話——（02）2571-0297 傳真——（02）2571-0197 郵撥——0189456-1
著作權顧問——蕭雄淋律師
□ 2021 年 11 月 1 日 初版一刷
□ 2024 年 6 月 5 日 初版十二刷

定價——新台幣 380 元（缺頁或破損的書，請寄回更換）

ISBN 978-957-32-9337-8

遠流博識網 http://www.ylib.com E-mail: ylib@ylib.com
遠流粉絲團 https://www.facebook.com/ylibfans

國家圖書館出版品預行編目 (CIP) 資料

說不出口的,更需要被聽懂：11個暖心對話練習,走進孩子的心/ 胡展誥著. -- 初版. -- 臺北市：遠流出版事業股份有限公司, 2021.11

面； 公分

ISBN 978-957-32-9337-8(平裝)

1.親子關係 2.親子溝通

544.1 110016687